-심령을 맑게 하는 지혜의 잠언 시리즈-

주님은 생수의 근원입니다

정원 지음

주님은 생수의 근원입니다

서 문

이 책은 이미 출간된 바 있는 [내 영혼의 잠언2]를 개정한 것입니다. 문맥 여러 군데를 수정하고 판형을 새롭게 바꾸어 다시 내놓게 되었습니다.

사무실, 지하철 등에서 이 책을 읽으며 주님의 응답을 깨닫게 되었다는 독자님들의 고백들을 들으며 많이 감사한 마음이었습니다.

새롭게 개정된 이 책이 계속 독자님들의 영성을 풍성하게 해주고 주님께 나아가며 영혼의 갈망이 증가되는 도구로 쓰여지기를 기대합니다.

모든 독자 여러분들이 삶의 모든 순간에 기도하는 마음으로 주님의 임재와 은혜를 구하고 사모하게 되시기를 바랍니다. 그것이 바로 이 잠언 시리즈의 가장 중요한 목적이기 때문입니다.

모든 영광을 주님께서 받으시기를! 할렐루야..

2006. 11. 정원

제3판 서문

이미 출간된 [주님은 생수의 근원입니다]를 핸디북 사이즈로 새로 만들어서 출간하였습니다.
한 손에 쏘옥 들어오는 작은 사이즈로 작은 가방에도 들어갈 수 있으므로 지하철 등 어디에서든지 부담없이 주님과 주님의 진리를 묵상할 수 있도록 하였습니다.
지혜의 근원이시고 생수와 모든 은혜의 근원이신 주님의 은혜가 주님을 사모하는 우리 모두에게 풍성하게 임하시기를.. 할렐루야.

2008. 9   정원

목차

서문
1. 위치와 사랑 · 13
2. 생명의 경험과 사역 · 14
3. 짐을 내려놓기 · 16
4. 사소한 것의 기쁨 · 17
5. 웃음에서 시작되는 복음 · 18
6. 나를 주는 사랑 · 19
7. 자기 중심은 사랑이 아니다 · 20
8. 우리의 연약함을 사랑하시는 주님 · 21
9. 상처는 은혜의 통로 · 22
10. 주님의 입장을 드러냄 · 23
11. 환경을 초월하는 믿음 · 24
12. 내적 아름다움의 가치 · 25
13. 우리는 혼자가 아니다 · 27
14. 주님의 눈으로 나를 보기 · 28
15. 깨어있기 · 30
16. 광야의 기간을 통과하기 · 33
17. 나이와 영적성숙 · 35
18. 낮은 가치관에서 벗어나기 · 36

19. 드러나지 않는 영광의 사역 · 37
20. 낮은 마음의 사역 · 39
21. 마음 지키기 · 41
22. 순결함으로 사역하기 · 42
23. 찬양의 중심은 사모함과 갈망 · 43
24. 주님의 고독 · 45
25. 믿음과 역사 · 46
26. 주님의 간섭 · 46
27. 주님의 기억 · 47
28. 기도의 행복 · 48
29. 열매의 차이 · 49
30. 심령의 사람 · 50
31. 옳은 말을 절제하기 · 52
32. 천국적인 삶의 원리 · 55
33. 인식의 변화 · 56
34. 마스크가 필요없어짐 · 57
35. 엄살과 과장은 주님을 제한함 · 59
36. 자의식을 버림 · 61
37. 은총의 비결 · 62

38. 판단과 분별의 기준 · 64
39. 인격적이신 주님 · 66
40. 사랑은 논리가 아니다 · 67
41. 자기 변호의 무익함 · 68
42. 주님께 의탁함 · 69
43. 영적인 사람으로 보이는 위험 · 70
44. 느낌과 생각과 실상 · 74
45. 융통성의 행복 · 76
46. 주님의 고독 · 77
47. 꿀 같은 눈물 · 79
48. 만물에 기록된 사랑 · 80
49. 우주를 지배하는 사랑 · 82
50. 주님이 주시는 분량 · 84
51. 주님의 평가를 선택하기 · 86
52. 고요함으로 열리는 영계 · 88
53. 은혜의 시작 · 89
54. 쉬운 해결책 · 91
55. 부흥과 대가 · 92
56. 눈을 지키기 · 93
57. 주님의 모든 것 되심 · 95

58. 영성 집회의 은혜 · 96
59. 적용의 중요성 · 98
60. 달콤함을 제한하심 · 99
61. 주님의 기다리심 · 100
62. 내부의 기쁨 · 101
63. 응답의 수준 · 103
64. 사역자의 위험성 · 105
65. 꾸준하게 건축하기 · 110
66. 천국과 지옥의 문 · 112
67. 추위와 어둠의 원인 · 114
78. 내부의 처리 · 115
69. 사람을 보는 안목 · 116
70. 승리하는 삶의 비결 · 117
71. 내부의 천국 · 119
72. 시각을 바꾸시는 주님 · 120
73. 행복한 삶을 위한 배우자 · 121
74. 비난의 무익함 · 124
75. 질문들 · 126
76. 행복의 비결 · 129
77. 만족의 사람 · 130

The Spring of Living Water

78. 자신을 살피기 · 131
79. 바깥사람, 안사람 · 132
80. 내주하시는 주님을 의식하기 · 133
81. 겸손한 감사 · 135
82. 주님을 가까이 아는 행복 · 136
83. 주를 모르는 사람 1 · 137
84. 주를 모르는 사람 2 · 137
85. 주를 귀하게 모심 · 138
86. 천국의 삶 · 139
87. 뒤에서도 축복하기 · 140
88. 부드럽게 거절하기 · 141
89. 조심스럽게 공급하기 · 143
90. 주님의 음성 듣기 · 144
91. 충분한 사랑 · 145
92. 단순함의 행복 · 146
93. 내부의 지도자 · 148
94. 주를 부르기 · 151
95. 놀라운 복음 · 153
96. 주님은 사랑 · 154
97. 우리의 상황을 보고 계시는 주님 · 156

98. 음성과 순종 · 158
99. 집회와 천국 · 159
100. 모든 아름다움의 근원 · 160
101. 주님과 천국 · 162
102. 죄 사함의 고백 · 164
103. 반응의 변화 · 166
104. 지혜가 일으키는 사랑 · 168
105. 불쌍히 여기는 사랑 · 170
106. 우리 편이 되시는 주님 · 171
107. 자신을 용서하기 · 173
108. 밤의 길이 · 174
109. 놀라운 사랑 · 176
110. 동일한 고통 · 178
111. 전체적으로 보기 · 180
112. 사랑의 대화 · 182
113. 최상의 행복 · 183
114. 남편의 행복 · 184
115. 웃음, 복음, 그리고 행복 · 185
116. 사랑의 깨뜨림 · 188
117. 보혈의 사랑 · 193

1. 위치와 사랑

부사역자의 위치에 있을 때 항상 담임 사역자의 잘못을 이야기하는 사역자가 있었습니다. 그러나 그가 담임사역자가 되자 그는 다시 부사역자의 잘못을 반복하여 이야기하였습니다.

지금 자기 위치에서 다른 사람을 판단한다면 그는 나중에 상대방의 위치에 서게 되더라도 여전히 다른 이들을 판단할 것입니다.

지금의 위치에서 사랑할 수 없다면 그는 다른 위치에서도 여전히 사랑할 수 없습니다. 중요한 것은 위치가 아니라 영이며 판단하는 영을 가진 사람은 언제 어떠한 상황이 되어서 항상 판단을 하게 되기 때문입니다.

2. 생명의 경험과 사역

안면이 있는 집사님이 신학을 하고 싶다고 내게 말한 적이 있었습니다. 이유를 물으니 자기가 사람들에게 어떤 깨달음을 말할 때 자신이 평신도이기 때문에 사람들이 자기의 이야기를 우습게 듣는 다는 것이었습니다. 그래서 목사가 되어 가르치고 싶다는 것이었습니다. 어떤 목사님에게서는 그와 상반되는 말을 들은 적이 있었습니다. 그는 말하기를 자기가 목사이기 때문에 대화를 나눌 때 평신도들이 마음을 열지 않는다는 것입니다.
말끝마다 '목사님은 세상을 안 살아봐서 모르세요' 한다는 것입니다. 그러니 목회를 그만 두고 평신도로서 사역을 하고 싶다는 것이었습니다.

과연 중요한 것은 그가 평신도인가, 사역자인가 하는 것일까요? 어떤 사람이 목사가 되든 사모가 되든 평신도가 되든 전도사가 되든 그것은 본질적인 요소라고 할 수 없습니다.

벌레라는 존재가 있다고 합시다. 그가 벌레라는 신분을 가지고 있는 한 그는 사모 벌레이든 전도사 벌레이든 집사 벌레이든 어차피 똑같이 벌레이며 그것은 그리 중요한 것이 아닙니다.

복음이란 무엇입니까? 그것은 벌레와 같은 존재, 우리 인간이 생명이 바뀌고 신분이 바뀌게 된 것입니다. 중요한 것은 바로 이것이며 신분이 바뀌고 생명이 바뀌는 것입니다. 그것은 벌레가 변하여 사람이 되는 것과 같은 것입니다.
진정 중요한 것은 외적인 위치의 변화가 아니라 내적인 생명의 변화입니다.
진정한 사역은 사역자가 주님의 생명을 접촉함으로 이루어집니다. 그러므로 그가 주님의 생명을 충분히 알지 못한다면 그가 목사가 되든 평신도가 되든 그는 주님의 진정한 도구, 생명의 도구가 될 수 없는 것입니다.
외적 직분이나 지위는 사람을 변화시키거나 영향을 주지 못합니다. 오직 실제적으로 주님을 경험하고 생명을 경험할 때 그들은 외적인 지위와 상관없이 사람들에게 주님을 공급하며 생명을 공급하는 존재가 될 수가 있는 것입니다.

3. 짐을 내려놓기

양계장을 하는 사람이 암탉 한 마리를 잡으려고 닭장 안으로 들어갔습니다. 그러자 수탉 한 마리가 암탉을 보호하기 위하여 날개를 크게 벌리고 목에 힘을 주며 가로막아 섰습니다. 주인은 수탉을 밀어버리고 암탉 한 마리를 잡아 가지고 나왔습니다.

그 후 수탉은 하루 종일 고개를 떨구고 있었습니다. 그는 자신의 암탉을 지키지 못한 죄책감으로 괴로워하는 것 같았습니다.

우리들이 하는 많은 고민들이 이 수탉의 고민과 같은 것입니다. 많은 경우에 우리는 우리가 할 수 없는 일을, 주님이 맡기지도 않은 일을 가지고 씨름하며 괴로워합니다.

그것은 어리석은 일입니다. 우리는 자신의 위치를 알아야 하며 우리에게 맡겨진 것을 발견해야 합니다. 우리가 할 수 없는 것을 주님께 맡기며 우리가 할 수 있는, 우리에게 맡겨진 일을 할 때 우리는 많은 묶임에서 벗어나 편안함과 풍성함을 누리게 될 것입니다.

4. 사소한 것의 기쁨

가까운 구멍가게에서 무엇을 샀습니다. 그리고 집으로 오는데 이상하게도 가슴이 허전했습니다.
왜일까 하고 돌아다보니 내가 구멍가게의 문을 제대로 닫지 않은 것을 알았습니다. 내가 문을 제대로 닫지 않으면 가게 안에 찬 바람이 들어갈 것입니다.
나는 돌아가서 문을 제대로 닫았습니다.
그러자 마음이 즐거움으로 채워졌습니다.
마음의 기쁨은 이처럼 아주 간단한 방법으로
얻을 수 있는 것입니다.

5. 웃음에서 시작되는 복음

자주 가는 구멍가게 아줌마는
나를 볼 때마다 웃습니다.
처음에는 접근하기 어려운 인상이었는데
조금 친해지니까 이제는 아주 잘 웃습니다.
미소는 마음의 전달입니다.
웃음은 천국의 시작입니다.
우리가 같이 웃을 수 있다면
우리는 멀지 않아
주님을 같이 나눌 수 있게 될 것입니다.

6. 나를 주는 사랑

아들 주원이는 요즘 월드컵 이야기에 빠져있습니다.
나는 아들과 같이 축구 이야기를 나누며 그의 이야기를 주의 깊게 듣습니다. 열심히 이야기를 주고 받으며 웃습니다.
나는 축구를 그다지 좋아하는 편은 아닙니다. 그리고 사람들이 왜 이렇게 그 승부에 몰입하는지 잘 이해가 가지 않습니다. 하지만 사랑이란 곧 관심이기 때문에 나는 아들의 관심사에 흥미를 가지며 그의 이야기들을 열심히 듣습니다.
내가 좋아하지 않더라도 상대방이 좋아한다면 나도 같이 좋아하려고 애를 써야합니다. 사랑은 내가 좋아하는 것을 상대에게 강요하는 것이 아니라 상대가 좋아하는 것을 나도 같이 좋아하며 즐기고 공감하려 애쓰는 것이기 때문입니다.
사랑이란 곧 나를 버리는 것이며 상대를 위하여 나를 주는 것입니다. 그러므로 사랑이 있는 곳에는 항상 공감과 즐거움과 행복이 함께 있게 되는 것입니다.

7. 자기 중심은 사랑이 아니다

사람들은 자기 안에서 어떤 대상을 향하여 좋아하는 감정이 일어나면 그것을 사랑이라고 생각합니다. 하루 종일 그를 생각하고 계속 그가 보고싶으면 그것을 사랑이라고 생각합니다.
그것이 상대에게 즐거움이 되든 고통이 되든 상관 없이 오직 자신이 좋은 감정을 느낀다면 그것을 사랑이라고 생각합니다.
그러나 좋은 감정 자체만을 가지고 사랑이라고 단언할 수는 없습니다.
사랑이란 단순한 감정이 아니며 자기 중심적인 것도 아닙니다. 사랑이란 희생이며 헌신입니다. 사랑은 자기의 유익보다 상대방의 행복과 기쁨을 구하는 것입니다.
그러므로 진정한 사랑은 자기를 극복한 수준만큼, 영혼이 성장한 수준만큼 할 수 있는 것입니다.

8. 우리의 연약함을 사랑하시는 주님

모든 사람들이 다 자기만의 약점을 가지고 있습니다.
극복하기 어려운 자기만의 부족함이 있으며 연약함이 있습니다.
우리는 오랫동안 그 약점과 싸우지만 여전히 그것들은 우리를 좌절하게 만듭니다.
우리는 그 약점으로 인하여 낙심하고 상처를 받으며 사람들은 그 약점으로 인하여 우리를 판단하고 비웃습니다.
그러나 주님께 감사할 것은 주님은 우리를 불쌍히 여기시고 은총을 베푸시며 우리의 연약함과 우리의 부족함을 인하여 우리를 비난하지 않고 오히려 더 사랑해주시는 것입니다.
그러므로 우리는 연약함으로 인하여 낙심하지 않고 오히려 기뻐하고 감사하며 더욱 더 깊이 주님 앞으로 나아가게 되는 것입니다.

9. 상처는 은혜의 통로

상처는 우리의 영적 성장에 있어서 아름다운 것이며 유익한 것입니다. 우리가 상처에 대하여 분노하며 상처를 준 대상을 용서하지 못하고 있다면 그것은 오히려 상처를 더 심하게 만들 뿐입니다. 그러나 그가 상처를 감사하며 은혜로 받아들인다면 그의 상처는 아름다운 도구가 될 수 있습니다.

어린 영혼에게 있어서 상처는 단지 고통일 뿐이지만 조금 성장한 영혼에게 상처란 곧 은혜의 통로가 되는 것입니다.

주님이 당하신 십자가의 상처에서는 끊임없이 은혜의 보혈이 흘러서 모든 상한 심령들을 치유하고 회복시킵니다.

그와 같이 성장한 사람은 그가 겪은 상처를 통하여 사람들에게 위로자가 되고 치유자가 되며 은혜의 공급자가 되어서 많은 연약한 영혼을 주님께로 가까이 이끌어 주는 것입니다.

10. 주님의 입장을 드러냄

부모들이 자녀를 가르치며 이런 이야기를 많이 합니다. "너 도대체 왜 그러니? 엄마는 그런 게 제일 싫어.."
그러한 말은 아이를 주님에 속하고 진리에 속하게 하는 것보다 자신의 마음과 성향에 맞게 가르치려는 마음을 보여주는 것입니다.
어떤 이는 말합니다.
"어떻게 그럴 수가 있지? 나 같으면 안 그럴 텐데.."
그것은 모든 옳고 그름의 판단 기준이 자기 자신에게 있는 것을 보여줍니다. 그러한 것들은 자신이 삶의 주인이 되어 있으며 주님께 속하지 않은 것을 보여주는 것입니다.
우리는 우리 자신의 입장을 드러내거나 가르칠 필요가 없습니다. 우리는 오직 주님의 입장을 드러내며 주님의 마음을 가르쳐야 합니다.
그것이 진정 주님께 속한 사람의 자세이며 가르침을 받은 사람을 자유롭게 하며 온전한 길로 인도하는 것입니다.

11. 환경을 초월하는 믿음

환경을 초월하는 믿음을 가지십시오.
환경을 넘어서서 감사와 경배를 드리십시오.
가장 외로울 때
주님의 함께 하심을 선포하십시오.
가장 궁핍할 때
주님의 풍성하심을 찬양하십시오.
가장 메마를 때
깊은 경배를 드리십시오.
더 이상 살고 싶지 않을 때
감사와 사랑의 고백을 드리십시오.
우리는 환경이 바뀐 후에 찬양하기를 원하지만
주님은 그 전에 우리의 찬양을 받기 원하십니다.
우리의 고백이 현실을 초월하고
환경과 상관없이 주님께 드려질 때
우리는 비로소 바깥 세계보다 한 차원 높은
내면의 천국, 영혼의 세계를 맛보게 되는 것입니다.

12. 내적 아름다움의 가치

젊은 자매들은 외모를 아름답게 꾸미는 것에 많은 관심을 기울입니다. 그리하여 외모에 자신이 있는 자매들은 긍지와 자신감을 가지며 그렇지 않은 자매들은 열등감을 가지고 소극적이 됩니다.

그러나 외모의 아름다움은 영성의 발전과 주님의 생명을 얻는 것, 주님의 생명의 통로가 되는 것에 별로 도움이 되지 않으며 오히려 방해가 되는 경우가 많습니다.

재벌 2세가 돈을 쉽게 생각하듯이 외모가 뛰어난 이들은 쉽게 다른 이들의 호의와 대접을 받게 되기 때문에 그들은 내면을 발전시키는 것이 쉽지 않습니다.

그들은 비천함과 무시당함과 밑바닥의 세계를 알지 못하여 조그만 모욕에도 쉽게 상처를 받고 견디지를 못하며 성숙하고 남을 배려하는 깊은 인품을 지니기가 어렵습니다.

사람들은 남들에게 인정받고 사랑 받기를 원하여 미모와 재능을 소유하기를 원하지만 그것은 사막의 신기루와 같아서 허상처럼, 풀이나 짚처럼 쉽게 사라져버리고 나중에는 허무함과 비참함만이 남게 됩니다.

외모가 부족한 여인은 남들의 주목을 받지 못하며 젊어서는 인기가 없을지 모르지만 평생 동안 멸시와 낮은 곳에 익숙하여 주를 찾으며 자신의 내면을 개발하여 겸손과 사랑과 지혜가 발전해감으로서 중년에 아름다운 열매를 맺게 됩니다.

부디 영원한 생명 있는 것들을 구하고 사모하십시오. 외모에 속지 않고 중심을 보시는 주님 앞에 엎드리십시오.

외모의 아름다움은 탐욕과 교만을 일으키지만 내면의 아름다움은 생명과 거룩함을 일으킵니다. 바깥의 아름다움은 순간이지만 영혼에서 풍겨나는 향기는 영원토록 사라지지 않으며 모든 이들에게 많은 내적인 기쁨을 줍니다.

그러므로 당신의 관심이 내면의 아름다움을 향하게 하십시오. 오늘날 많은 이들이 바깥의 만족을 구하며 바깥의 즐거움을 추구하지만 당신이 거기에 흔들리지 않고 내면의 발전과 아름다움을 추구해나갈 때 그것은 당신의 미래와 영원을 진정한 행복과 기쁨으로 가득하게 할 것입니다.

13. 우리는 혼자가 아니다

인생을 살아가는 데 있어서 무엇보다 가장 두려운 것은
질병도 가난도 환란도 아닙니다.
그것은 우리가 혼자라는 사실입니다.
아무도 우리를 진정 사랑하지 않으며
이 험한 세상에서 우리가 혼자 있다는 사실이
우리를 진정 외롭고 비참하게 만드는 것입니다.
그러나 우리가 주를 알고 주를 붙잡을 때에
이 문제는 끝이 납니다.
주님께서는 우리를 향해서 언제나 어디서나
"사랑하는 자야.
너는 이제 더 이상 혼자가 아니다.
내가 항상 너와 같이 있다."
라고 계속 반복하여
말씀하시고 있기 때문입니다.
그러므로 주님 안에서 우리는 더 이상 외롭지 않으며
아름답고 따뜻한 사랑의 교제 가운데 들어가게 되는 것입니다.

14. 주님의 눈으로 나를 보기

우리는 자주 죄에 걸려 넘어집니다.
우리의 옛 본성은 잊을 만 하면 튀어나와
우리를 쓰러뜨립니다.
그리고 우리는 죄책감에 빠집니다.
그 사랑의 주님을
내가 이렇게 배반할 수가 있단 말인가?
도대체 나는 왜 이 모양인가..
우리는 절망하고 절망합니다.
그러나 기억하십시오.
주님은 우리가 반성하고 회개할 때
우리의 악행을 기억하지 않으십니다.
아비가 자식을 불쌍히 여기듯이
그분은 우리를 불쌍히 여기십니다.
그분이 기억하시는 것은
우리의 악행이 아니라
우리의 사모함입니다.
우리의 연약함입니다.

그분은 우리의 짐을 지고
우리를 위해 피 흘려 죽었기 때문에
우리의 악행을 기억하실 수가 없는 것입니다.

기억하십시오.
우리가 회개하고 주의 보혈을 적용할 때
주님의 눈에는
우리가 심판의 대상으로 보이지 않고
사랑의 대상으로 보입니다.
더러운 신부로 보이지 않고
티없이 맑고 눈처럼 순결한
아름다운 신부로 보입니다.
그 주님의 시선을 잊어서는 안됩니다.
주님의 시선으로 자신을 보십시오.
우리는 용서받은 존재이며
아름다운 존재입니다.
주님이 그렇게 보시기 때문에
우리는 아름다운 존재입니다.
그렇게 주님의 시각을 믿음으로 받아들일 때
우리는 진정 아름답고 순결한
주님의 사람이 되어 가는 것입니다.

15. 깨어있기

목사님들로부터 여러 번 이런 이야기를 들었습니다. 나보다 훨씬 못한 아무개도 유명하고 목회에 성공했는데 그보다 부족한 것이 없으며 아는 것도 훨씬 많은 나는 성공을 하지 못하고 있다고 하면서 속상해 하는 이들을 나는 여러 번 보았습니다.

나는 이분들이 생각하는 성공의 기준이 무엇인지 궁금합니다. 또한 이들이 가지고 있는 당당함이 놀랍기까지 합니다. 하지만 분명한 것은 이러한 생각과 관점은 주님께 속한 것이 아니며 진리로부터 오는 것이 아니라는 것입니다.

우리가 많이 알고 있다고 생각하는 것은 실제로 많이 알고 있는 것이 아니라 '나는 많이 알고 있다'는 생각에 잡혀있는 것에 불과합니다.

나는 너무나 억울하다고 생각하는 사람은 실제로 억울한 것이 아니라 억울한 영에게 사로잡혀 있는 것입니다.

억울하다는 마음, 나는 피해자라는 마음은 결코 주님으로부터 오는 것이 아닙니다. 그것은 지옥으로부터 오는 어두운 마음입니다. 그러한 마음을 받아들이게 될 때 우리의 마음과 영혼은 점점 더 어둡고 혼미해지게 됩니다. 우리는 점점 더 분노와 불평에 사로잡히게 됩니다. 그것은 속고 있는 것입니다.

주님은 우리를 깨닫게 하시며 자유롭게 하시는 분이십니다.

주의 영이 우리에게 임하셔서 깨닫게 하시면 우리는 우리가 얼마나 한심한 존재인지, 그리고 그럼에도 불구하고 우리에게 주어진 은혜와 사랑이 얼마나 놀랍고 감사한 것인지 알게 됩니다.

그러므로 우리는 모든 두려움과 원망이 사라지게 되고 오직 감사와 찬양과 사랑의 고백을 주님께 드리게 되는 것입니다.

어두운 생각과 의식은 우리 영혼을 병들게 하며 주의 영으로부터 오는 참된 깨달음은 우리를 자유롭게 하며 행복하게 만듭니다.

그러므로 참된 빛을 받기 위해서 우리는 항상 낮은 마음으로 깨어있어야 합니다.

다른 이들이 한심스럽게 보이고
자신이 대단하게 보일 때
조심하십시오.
그것은 주의 영이 아닙니다.
자신이 억울하게 느껴지고
원망이 일어날 때
조심하십시오.
지옥의 영들, 속이는 영들이
당신의 주변에서
어른거리고 있는 것입니다.
오직 주의 깨닫게 하심을 구하십시오.
주님이 임하실 때 당신은 자신의 부족함을 알게 되며
주님의 선하심을 알게 될 것입니다.
그리하여 진정한 감사와 해방과 기쁨 속에서
오직 주님 만을 찬양하게 될 것입니다. 할렐루야.

16. 광야의 기간을 통과하기

우리의 삶 속에 많은 고통스러운 문제들이 있습니다. 어떤 이는 물질의 문제로, 어떤 이는 인간 관계의 고통으로 어떤 이는 질병이나 성격 등의 문제로 몹시 힘들어합니다.

많은 경우 그것은 자기 육성의 처리를 위한 것이며 그러므로 누구나 자기에게 주어진 고통의 분량이 있습니다. 거기에는 빨리 빠져나갈 수 있는 속성의 방법이 없으며 오직 고요히 잔잔히 털 깎는 자 앞에서의 잔잔함처럼 침묵을 지키며 인내함으로 순복함으로 그 순간을 지나가야 합니다.

이것은 광야의 훈련과 같은 것입니다. 그러나 많은 이들이 이 광야를 잘 통과하지 못합니다. 그들은 하소연하며 울며 안타까워하며 위로를 구하며 자기 연민에 빠집니다.

그러나 그러한 반응은 고통과 광야의 기간을 길게 할뿐입니다. 모든 것을 주님의 손에 맡기고 고요함과 잔잔함 속에 머물 때 서서히 육성은 소멸되고 영성이 깨어나기 시작하며 고난과 훈련의 기간은 끝나가게 되는 것입니다.
이 훈련을 변호하지 않고 비명을 지르지 않고 원망하지 않고 무사히 통과한 자는 새로운 영역에 들어가게 되며 의의 평강의 열매를 맺으며 생명의 통로로 사용될 것입니다.
그러나 오늘날 그 훈련을 제대로 통과하고 합격하는 이들은 너무도 적으며 그러므로 많은 이들이 피상적인 지식에 머물러 있을 뿐 생명의 사역자가 되지 못하는 것입니다.
많은 이들이 사역의 방법을 찾고 테크닉을 찾으며 속성의 비결을 찾지만 그 진정한 비결은 광야에서의 순복과 인내이며 그 훈련과 고통의 분량이 차기까지 입을 벌리지 않고 영혼의 메마름 속에서 주님만을 갈망하는 것입니다.
어느 날 훈련이 끝나는 때가 옵니다.
그것은 오직 주님께 달려 있습니다.
우리는 주님의 때가 이를 때까지
광야에서 숨을 죽이고 있어야 합니다.
인내하는 자는 주의 위로와 은총을 얻게 될 것이며
이전의 모든 아픔을 보상받게 될 것입니다.

17. 나이와 영적 성숙

어떤 5학년 여학생이 학급의 회장 선거에 나갔습니다. 그녀는 나가고 싶지 않았는데 주위의 권유로 떠밀려 나가게 되었습니다.

그녀는 회장이 하고 싶지 않았기 때문에 되더라도 사퇴하려고 했습니다. 하지만 그녀는 몇 표 차이로 떨어졌습니다.

그녀는 마음이 아주 심란해졌습니다. 당선이 되고 나서 사퇴를 하는 것과 당선이 되지 않고 떨어진 것은 느낌이 전혀 달랐기 때문입니다.

그녀는 이렇게 말하며 울었습니다.

"목사님.. 아직도 제가 자아가 있어요.

아직도 명예욕과 높은 마음, 인정받고 싶은 마음이 있어요."

그녀는 연신 흐느꼈습니다.

그녀는 어린 나이였지만 이미 자기 부인에 대해서 많이 알고 있었습니다. 영적 성숙도는 나이에 달려있는 것이 아닙니다.

18. 낮은 가치관에서 벗어나기

기독교 신문에 나는 부흥회 광고에 가끔 이런 내용들이 나오는 것을 볼 수 있습니다.
"집회 후 감사헌금이 몇 배로 늘게 됨. 목사님에 대한 섬김을 교육함."

집회를 통해서 교회의 재정이 늘기를 원하는 목사님, 성도들에게 섬김을 많이 받고 싶은 목사님들은 그들을 초청해달라는 이야기일까요?
몇 줄의 문장에도 낮은 가치관은 나타납니다. 우리의 의식은 이러한 낮은 수준의 의식 상태를 어서 빨리 벗어나야 할 것입니다.

19. 드러나지 않는 영광의 사역

어떤 여집사님이 있었습니다. 그녀는 찬양에 달란트가 있었습니다. 그녀가 예배에 나가서 찬양을 하면 사람들은 은혜스럽다고 감탄을 하곤 했습니다.
그러나 그녀는 시어머니가 치매에 걸려서 더 이상 집회에 나갈 수 없었습니다. 그녀는 시어머니의 옆에서 계속 돌보아드려야 했습니다.
그녀는 너무나 찬양이 하고 싶었습니다. 찬양하는 것도 좋았지만 찬양을 한 후에 사람들이 그녀를 향하여 탄성을 발하며 칭찬하는 것이 참 좋았고 그런 모습이 계속 떠올랐습니다.
어느 날 그녀가 시어머니의 변을 치우면서 자기 연민에 빠져 울고 있을 때 주님께서 그녀에게 말씀하셨습니다.
"애야.. 너는 정말 영광스러운 일을 하면서 그렇게 슬퍼하느냐? 이것은 바로 너의 면류관이며 상급이다.
많은 이들 앞에서 드러나는 것은 별로 대단한 일이 아니다. 그러한 일들은 이방인들이 구하는 것이다.

모든 사람들이 원하고 구하는 것은 별로 중요한 일이 아니며 진정으로 중요한 일은 사람들이 별로 좋아하지 않는다. 네가 하는 일은 아무도 알아주지 않는 일이지만 너는 지금 나를 섬기고 있는 것이며 그것은 가장 귀하고 영광스러운 일인 것이란다."

20. 낮은 마음의 사역

오늘날 적지 않은 사역자나 사모들은 말씀을 전하는 것 외의 다른 일을 하면 안 된다는 관념을 가지고 있는 것 같습니다. 그래서 교회의 형편이 어려워 일을 해야 되는 상황이 되면 어떤 이들은 깊은 좌절이나 패배의식에 잠기기도 하며 스스로 부끄럽게 여기고 자신의 믿음이 부족하다고 여기기도 하는 것 같습니다.

하지만 목사나 사모가 상황에 따라서 복음 사역 이외의 일을 하는 것을 믿음이 없거나 이상한 일이라고 할 수는 없을 것입니다.

주님은 목수이셨고 바울은 건축업자였습니다.

사역자가 부름 받은 것은 고상한 삶을 위한 것이 아니며 주님과 교회와 복음을 섬기기 위한 것입니다. 그러므로 필요에 따라 몸과 상황이 허락하는 대로 노동을 통하여 교회와 성도를 섬기는 것은 아름다운 일이며 복된 일일 것입니다.

모든 노동은 아름답고 신성한 것이며 사람들이 기피하는 낮고 어렵고 힘든 일일수록 거기에는 주님의 은총이 함께 하시는 것입니다. 규모가 있고 안정된 교회에서 존경과 대우를 받으며 사는 것도 훌륭한 일이지만 또한 약하고 어린 교회를 섬기기 위해서 몸으로 고생하며 낮은 곳에 처하는 것을 주님께서 결코 멸시하지 않으실 것입니다.

오늘날 적지 않은 사역자들이 좀 더 편안한 위치와 삶을 추구하지만 진정 주를 갈망하며 주님께 속하기를 원하는 이들은 오늘도 그분과 함께 하며 그분의 원하심을 따라 좁고 어둡고 험한 길을 기쁨으로 걸어갈 것입니다.

비록 현실에 열매가 풍성하지 않을 지라도, 그리고 아무도 그 길을 알아주지 않는다고 하더라도 말입니다.

21. 마음 지키기

세상에는 악인들이 많습니다.
그러나 그들을 미워하거나 판단하지 않으면
우리는 마음의 평화를 지킬 수 있습니다.
세상에 살면서 많은 환란이 있습니다.
그러나 그것에 대하여 원망하고 불평하지 않으면
우리는 기쁨을 유지할 수가 있습니다.
고통과 행복은 스스로가 만드는 것이며
결코 환경에서 일방적으로 오는 것이 아닌 것입니다.

22. 순결함으로 사역하기

나는 어느 큰 집회에서 어떤 여인이 경배의 춤을 추는 것을 보았습니다. 그녀는 웨딩 드레스처럼 눈부시게 하얀 드레스를 입고 찬양에 맞추어 우아하게 춤을 추었습니다.
외적으로 보기에 그녀의 모습은 아름다웠습니다. 그러나 나는 그녀가 움직일 때마다 사치와 허영과 자기 과시와 온갖 더러움의 영들이 흘러나오는 것을 보았습니다. 그녀의 춤이 끝나고 사람들이 박수를 쳤지만 나는 너무 슬퍼서 밖으로 나왔습니다.
외모가 아름다운 사람들은 많이 있습니다. 재능이 뛰어난 사람도 많이 있습니다. 그러나 진정 영혼을 풍성하게 하고 예배를 충만하게 하는 사역은 마음 중심의 순결함에서 나오는 것입니다. 오직 그 중심에 주님을 사랑하는 순결함과 사모함이 가득할 때 그는 주님의 통로가 될 수 있으며 거기에 주님의 임재가 나타나게 됩니다. 순결하지 않은 마음, 순수하지 않은 동기의 사역은 오직 영혼들에게 고통을 줄뿐입니다.

23. 찬양의 중심은 사모함과 갈망

오래전 아내와 아이들과 언젠가 어떤 찬양 집회에 갔습니다.

영의 흐름과 생명의 움직임은 부족하다고 느꼈지만 그럭저럭 견딜 수는 있었습니다. 그러나 어떤 가수가 나온 후에는 더 이상 견딜 수 없었습니다. 그녀가 크게 소리를 지르며 찬양을 하는데 그녀에게서 나오는 기운이 어찌나 정욕적이고 불결하게 느껴지는지 심장이 터질 것 같이 아파서 견딜 수가 없었습니다.

도중에 나오자니 아내에게 미안해서 말을 못하고 있는데 갑자기 아내가 울기 시작했습니다.

나는 아내가 감동을 받고 우는 줄 알고 이상하게 여기고 있는데 아내는 울면서 내 손을 잡더니 말하는 것이었습니다.

"여보. 얼른 여기서 나가요. 주님이 통곡을 하시고 계세요."

그녀와 내가 느끼는 것이 같았으므로 우리는 한숨을 쉬면서 간신히 그 곳을 빠져 나왔습니다.

찬양에 있어서 가장 중요한 것은 목소리의 좋고 나쁨이나 노래의 기교나 음악성이 아닙니다. 그 무엇보다 중요한 것은 그 사람의 중심이며 중심의 상태입니다.

찬양을 드리는 사람의 마음 중심에서 주님을 사랑하는 간절한 갈망이 흘러나올 때, 주를 향한 아름답고 맑고 순결한 갈망이 그 영에서 간절하게 흘러나올 때, 그러한 영의 흐름이 모임을 충만하게 하고 모든 듣는 이들의 영을 풍성하게 하며 다 같이 함께 천상의 영광에 올라가게 하는 것입니다.

찬양의 중심은 간절함과 사모함입니다. 마음이 순결할 때 깊은 찬양을 드릴 수가 있습니다. 마음이 갈망으로 가득할 때 깊은 찬양을 드릴 수가 있습니다.

재능보다 기교보다 주를 향한 간절함, 사모함만이 진정한 찬양으로 주님께 영광을 돌릴 수 있으며 청중들을 깊은 은총의 세계로 이끌어갈 수 있는 것입니다.

24. 주님의 고독

목회자들은 모이면 주로 먹는 이야기를 많이 합니다.
사모들은 모이면 주로 남편에 대한 불평이나
성도들에 의한 상처나 생활고 이야기를 많이 합니다.
주님의 아픔에 대한 이야기나
주님에 대한 사모함에 대하여 이야기를 나누는
사역자나 사모들은 찾기가 쉽지 않습니다.
어쩌면 주님은 사역자들 사이에서
가장 고독하실 지도 모릅니다.

25. 믿음과 역사

물이 바다를 덮듯이
하나님의 임재와 사랑이
우리의 영혼과 주위를 둘러싸고 있습니다.
우리가 그것을 느끼든 느끼지 못하든
그것은 분명한 사실입니다.
느낌과 상관없이 그것을 믿고 시인할 때
우리는 조금씩 하나님의 실재를
경험해갈 수 있게 될 것입니다.

26. 주님의 간섭하심

이 우주는 하나님의 다스리심이 아니면
단 1초도 유지될 수 없습니다.
우리의 인생도
주님의 계획과 간섭이 없으면
한 순간도 존재할 수 없는 것입니다.

27. 주님의 기억

우리는 주님의 은총을 간절히 구한 후에
우리가 간구한 것을 자주 잊어버립니다.
그러나 주님은 결코 잊지 않으십니다.
우리는 실수하고 넘어진 후에
자책하며 그것을 잘 잊지 못합니다.
그러나 주님은 그분의 사랑과 긍휼로서
우리를 용서하시며
우리의 허물을 기억하지 않으십니다.

28. 기도의 행복

우리는 주님께
너무 죄송하다고 말합니다.
주님은 우리에게
사랑한다고 말씀하십니다.
우리는 주님께
우리는 아주 나쁜 사람이라고 말합니다.
주님은 우리에게
와 주어서 고맙다고 말씀하십니다.
우리는 주님께
우리는 뭐 하나 제대로 하는 게 없다고 말합니다.
주님은 우리에게
너는 너무 귀한 존재라고 말씀하십니다.
비록 우리의 대화가
서로 어긋난다고 하더라도
기도는 진정 아름다운 것이며
우리 영혼에 깊은 기쁨과 행복을 주는 것입니다.

29. 열매의 차이

사람들에게 속이 상하는 일을 당할 때 악한 영들은 살며시 이런 생각을 넣어줍니다.
더 이상 참지 말라고, 자꾸 그러니까 너를 사람들이 바보로 본다고, 그들은 말합니다.
그들의 이야기를 듣지 마십시오.
그들의 이야기는 일시적으로 그럴 듯 하지만 결국 남는 것은 비참함과 후회뿐입니다.
주님의 메시지는 언제 어디서나 우리에게 기쁨을 주며 일시적으로는 힘들게 느껴질 지라도 결국은 아름다운 열매와 행복을 우리에게 나누어주십니다.
그러므로 우리가 주님의 말씀을 들으며 주님의 임재 속에 잠겨 있을 때 우리는 스데반이 그랬던 것처럼 우리를 치는 그 어떠한 돌에도, 어떠한 어려움에도 심령에서 흐르는 기쁨을 결코 잃어버리지 않게 되는 것입니다.

30. 심령의 사람

의식의 중심이 뇌에 있는 사람은
지식이 많으나 행함이 부족하고
가르치기를 좋아하며 판단이 많습니다.
지혜가 있으나 정이 부족하여
삶에서 진정한 만족을 누리지 못합니다.
그들은 자꾸 깨달으려고만 하고
날마다 깨닫기는 하지만
별로 사랑하려고 하지 않습니다.

의식의 중심이 배에 있는 사람은
욕망이 많고 큰 것, 위대한 것을 좋아하며
이 땅에서 유명하고 성공하지만
영성적인 발달이 늦으며
진리와 생명에 대한 인식이 부족하고
사랑하는 삶에 대하여 별로 관심이 없습니다.
의식의 중심이 가슴에 있는 사람은
끈기가 부족하고 감정의 기복이 심하여 변덕이 많으나

심령의 감각이 예민하고 약하여 쉽게 좌절하게 되므로
주님을 간절하게 붙들게 되고
심령이 열리기가 쉽습니다.

우리는 의식의 중심을 심령에 두어야 합니다.
항상 중심의 간절함으로 주를 사모하여야 합니다.
오늘날 이 시대의 많은 이들이
꿈과 비전과 이상을 좋아하고
위대한 것을 좋아하고
으뜸이 되기를 원하며
편하게 사는 것을 목표로 삼지만
우리의 영이 열리고
심령의 사람이 될 때
우리는 오직 주님의 사람이 되기를 원하며
주님을 가까이 알기를 사모하고
오직 그분의 뜻만이 이루어지기를
간절히 소원하게 됩니다.
우리의 심령이 주님을 알고 느끼는 것..
그것이 진정한 목표이며 만족입니다.
심령이 열려질수록
우리는 그 기쁨을 알아가게 될 것입니다.

31. 옳은 말을 절제하기

사람을 코너에 몰지 마십시오.
옳은 말을 함부로 하지 마십시오.
애정이 결여된 옳은 말은
멍청한 말보다 더 사람을 찌르고 아프게 합니다.
온유한 사람에게 못됐다고 하는 것은 괜찮습니다.
그것은 틀린 말이기 때문에
그는 별로 상처받지 않습니다.
그러나 못된 사람에게 못됐다고 하면
그는 상처를 받고 분노할 것입니다.
그 말은 그의 약점을 정확하게 찌르기 때문이며
그는 대응할 말이 없기 때문입니다.

겸손한 사람에게 잘난척한다고 말하는 것은 그리 심각한 것이 아닙니다. 그는 그저 웃고 말 것입니다.
그러나 높아지기를 원하는 이에게
교만하다고 말해서는 안 됩니다.
그 말은 그에게 아무 유익이 없고

그는 전혀 변화되지 않으며
당신을 원수로 알 것입니다.

사람을 코너에 몰지 마십시오.
그것은 누구도 감당하지 못합니다.
당신도 그것을 감당할 수 없습니다.
부부싸움을 하더라도
상대를 공격하지 마십시오.
오직 자신의 부족함만을 나열하십시오.
정 화를 내고 싶으면
상대를 포용하지 못하는
자신의 옹졸함에 대하여 분노하십시오.

사랑이 결여된 바르고 정확한 말,
그것은 사람을 죽입니다.
그러므로 똑똑하고 영리하며
많이 배우고 옳은 사람이
사람의 영혼을 아프게 하고 죽이는 것입니다.
짧은 시간에 단 몇 마디의 말로
사람을 확실히 병들게 하는 것입니다.

사람은 모두가 약합니다.
그러므로 사람을 공격하고 정죄하지 마십시오.
주님은 세리와 죄인의 친구입니다.
주님이 당신을 받아주신 것처럼
당신도 그들을 받아주십시오.
그리고 사람들의 허물을
사랑의 눈으로 보지 못하는
자신을 아파하면서
주님의 사랑의 눈을 달라고 기도하십시오.

간절히 구하는 자에게 주님의 응답이 오며
그 때 당신은 비로소
모든 사람들이
그리고 모든 허물들이
아름답고 불쌍하고 사랑스럽게 느껴질 것입니다.
그때야 비로소
당신은 그들을 도울 수 있으며
그들을 축복하며
변화시키는 도구로
쓰여질 수 있는 것입니다.

32. 천국적인 삶의 원리

남편이 퇴근하고 집에 오면서 아내를 생각합니다.
오늘 하루 종일 집에서
표도 안 나는 집안 일 하느라고..
아이들에게 시달리느라고..
얼마나 피곤할까..
아내는 남편을 기다리며 생각합니다.
오늘 하루 종일 바깥에서
힘 드는 일도 많을 텐데..
얼마나 지쳐있을까..
그것이 바로 천국입니다. 그렇게 서로의 입장을 염려하는 것이 천국의 삶입니다.

그런데 그것을 거꾸로 적용하는 이들이 많이 있습니다.
아내는 아내 입장을, 남편은 남편 입장을 생각합니다.
그것이 바로 지옥입니다.
그리고 그렇게 사는 것이 바로 지옥의 삶인 것입니다.

33. 인식의 변화

주님께 속하고 주님께 가까이 있는 사람은
대부분 자신의 신앙을 부끄럽게 여깁니다.
그러나 그의 영혼이 주님과 멀리 있는 사람들은
대부분 자신의 신앙이 아주 좋다고 생각하여
어디서나 항상 가르치려고 하고
다른 이들에게 가르침 받는 것을 불쾌하게 생각합니다.
주님의 빛이 임하고 자신의 참 모습을 보게 될 때
우리는 주님과 사람 앞에서
낮아지며 엎드러질 수 있게 될 것입니다.

34. 마스크가 필요없어짐

우리는 사람들을 좋아하지 않으면서도 그들 앞에서는 그렇지 않은 듯이 연기를 할 수 있습니다. 속에 분노가 있어도, 상대의 무례함에 대해서 속이 상했어도 아무렇지 않은 듯이 연기를 할 수 있습니다.
어떤 이는 연기가 서툴러서 욕을 먹으며 어떤 이는 마스크를 완벽하게 써서 칭찬과 존경을 받습니다.
현대의 문화인들은 마스크를 세련되게 써서 사람들과 잘 지내는 방법을 알고 있습니다. 속으로 불쾌한 마음이 있어도 그것을 아주 우아하게 감출 수 있습니다.
지성인일수록, 교양인일수록 그러한 연기에 익숙합니다. 그러나 솔직하지 않은 그들의 영혼은 시간이 갈수록 점점 파리해지며 비참해지게 됩니다. 그들은 겉으로 아름답지만 속은 병들며 내면의 감각은 점점 더 마비되고 어두워집니다.

주님이 오실 때 우리의 속은 변화됩니다. 그분은 우리의 속에 있는 분노와 악과 어두움을 치유하시며 새롭게 하십니다. 그러므로 우리는 마스크를 쓸 필요가 없어집니다.
우리는 사람들을 진정으로 사랑하게 되며 그러므로 속의 마음을 감추고 일부러 좋아하는 척 할 필요가 없는 것입니다.
주님이 오실 때 그분은 우리에게 자유를 주십니다.
그분은 우리의 내면을 변화시켜서 진정한 자유와 행복을 주시며 영원히 변치 않는 기쁨 가운데 살게 하시는 것입니다.

35. 엄살과 과장은 주님을 제한함

어떤 이들은 별로 대단치도 않은 일을 가지고 심하게 엄살을 부립니다. 그 자신도 별로 대단치 않다고 생각하면서도 일부러 엄살을 부립니다.
이는 자신이 약한 존재라는 것을 보여줌으로서 상대에게 보호를 받을 수도 있으며 상대의 긴장을 완화시켜서 상대의 공격성을 무력화시킬 수도 있기 때문입니다.
또한 그러한 엄살은 예상 이상의 위로를 얻을 수도 있습니다.
그러나 어떠한 동기의 엄살이든, 그것이 위로를 위한 것이든, 자기 방어를 위한 것이든, 보호를 위한 것이든 진실이 아닌 것은 우리의 영을 어둡게 하며 주님과의 관계를 멀어지게 하는 것입니다.
사람의 위로를 기대하는 것은 주님의 역사와 위로를 제한합니다. 사람의 보호를 구하는 것도, 자기를 방어하기 위하여 작은 계교를 사용하는 것도 주님을 제한합니다. 그것은 주님을 신뢰하는 자세가 아니기 때문입니다.

우리가 애를 쓴다고 해서 자신을 온전히 방어할 수 있는 것은 아닙니다. 오직 주님만이 우리를 온전히 보호하실 수 있습니다.
그러므로 우리는 일상의 모든 순간에 순수하고 정직한 마음으로 주를 바라보고 의지해야 합니다.
엄살은 좋지 않습니다. 과장도 좋지 않습니다.
엄살이나 과장이 아닌 진실한 표현, 단순한 삶, 그리고 주님께 대한 순수한 의뢰.. 그러한 것이 우리의 삶에서 주님의 은총이 나타나는 간결하고 쉬운 삶의 방식인 것입니다.

36. 자의식을 버림

기도를 하면서도 주님을 의식하는 것보다 다른 사람들을 의식하는 사람들이 많이 있습니다. 대표기도를 맡게 되면 자신이 드리는 기도가 사람들에게 은혜를 끼쳤는지, 그렇지 못했는지에 대해서 예민하게 인식하는 이들이 많이 있습니다.

그것은 자의식이며 육체로부터 나오는 것입니다. 그것은 기도자의 진정한 자세가 아닙니다. 그것은 기도의 대상이 되시는 주님을 무시하는 자세입니다.

자의식을 가지고 있으면 주님의 임재는 오지 않으며 은혜는 소멸되며 감동적으로 멋지게 기도를 하려고 해도 잘 되지 않으며 영의 흐름이 막혀 버리게 됩니다.

당신의 기도가 주님께 상달될 수 있도록

자의식을 계속 거절하십시오. 사람을 의식하지 말고 오직 주님을 바라보는 것을 계속 훈련하고 연습하십시오. 자의식에서 사유 할수록 당신은 사람들의 시선과 묶임에서 벗어나 진정한 주님의 종이 되고 오직 주님만을 진실하게 섬길 수 있게 될 것입니다.

37. 은총의 비결

주님은 모든 죄인에 대해서 야단을 치신 적이 거의 없었습니다. 그러나 바리새인에 대해서, 높은 마음을 가지고 있는 이들에게 대해서는 아주 엄하게 대하셨습니다.

주님은 사람들의 평판이 나쁜 이들에 대해서 거의 나쁘게 대하신 적이 없었습니다. 그러나 사람들에게 존경을 받고 인정받는 이들에게 대해서는 별로 잘 대해주시지 않았습니다.

그분은 자신을 좋게 옳게 보이려 애쓰는 이들에게 무심하셨으며 자신은 아무런 가치 없는 존재라고 생각하고 있는 이들에게 오히려 가까이 가셔서 친절하게 대하여 주셨습니다.

많은 죄들이 무섭지만 교만의 죄, 높은 마음의 죄는 특별히 아주 무서운 죄입니다.

높은 마음을 품는 순간 주님은 그와 같이 하실 수 없으며 어둠의 영들 혼미한 영들이 그를 속이게 되는 것입니다.

자신의 부족함이 보이지 않고 다른 사람의 죄나 교회나 단체나 지도자의 허물이 눈에 들어오고 판단이 일어난다면 정말 조심하십시오. 지금 당신의 영혼은 안전하지 않습니다.

부디 주님 앞에 무릎을 꿇으십시오. 주님이 오시면 당신의 마음은 평화로워지며 아무도 판단하지 않게 됩니다.

다른 이들의 죄를 보고 안타까워하며 중보하게 되고
자신의 부족함과 완악함을 통렬하게 인식하게 되며
그러한 자신을 받아준 주님의 사랑이 너무나 감사하게 됩니다.

부디 낮은 마음을 구하십시오.
그 낮은 마음 가운데 항상 머물러 있으십시오.
그것은 천국의 아름다운 곳에 이르는
가장 중요한 은총의 비결입니다.

38. 판단과 분별의 기준

다른 이들이 죄를 지었을 때 우리가 그것을 인지한다면 우리가 하는 것이 분별인지 판단인지 어떻게 알 수 있을까요?
그것은 간단한 것입니다. 상대방의 죄와 허물을 알고 느끼면서도 그 죄에 대해서는 분노하지만 그 사람 자체에 대해서는 여전히 사랑스럽고 불쌍하게 느껴진다면 그것은 분별입니다. 그러한 마음이 있다면 당신은 상대를 도울 수 있을 것입니다.

그러나 상대의 죄와 허물을 알게 될 때에 상대방 자체가 보기 싫어진다면 당신은 그에 대해서 정죄와 판단을 하고 있는 것이며 당신은 상대를 도울 수 없을 것입니다.
당신이 그러한 상태라면 바로 그 자리에서 주님 앞에 엎드려야 합니다. 당신은 상대방의 상태를 걱정할 상황이 아니며 먼저 당신 자신의 영혼을 회복시켜야 하기 때문입니다.

주님께서는 판단을 받는 사람보다 판단하는 사람을 먼저 심판하십니다.

정치인보다 더 악한 것은 정치인을 판단하는 사람이며 간음한 사람보다 더 악한 것은 간음한 이를 판단하는 사람입니다. 어떤 사람이든 죄를 짓는 이를 정죄하고 판단하는 이는 그 죄를 짓는 이보다 더 큰 죄인입니다. 판단하는 것은 자신의 위치를 하나님의 위치에 두는 것이며 자기는 옳고 의롭다는 자기의의 죄가 되기 때문입니다.

살인자도, 간음자도, 도둑질한 자들도 주님의 은혜를 입을 수 있지만 자기의가 강한 이들에게는 주님의 은혜가 임할 수가 없습니다. 그러므로 판단하는 죄는 보통의 죄보다 아주 무거운 죄인 것입니다.

형제의 넘어짐이 있을 때 주의하십시오. 함부로 판단하지 말며 정죄하지 말고 주님의 인도하심을 구하십시오.

오직 주님의 인도하심 아래서, 그 분량아래서 우리는 분별하고 중보하며 주의 선하심이 이루어지도록 기도할 수 있을 것입니다.

39. 인격적이신 주님

나는 얼마 전까지 급한 일이 있으면 내 방에서 아내를 큰 소리로 부르곤 했습니다. 그런데 어느 순간 주님께서 그것을 기뻐하지 않는 것을 느끼게 되었습니다.
큰 소리로 아내를 부르는 것은 그녀를 마치 종처럼 여기는 것이며 또한 그렇게 큰 소리를 내면서 영혼의 평화를 깊이 유지하는 것이 쉽지 않음을 깨닫게 되었습니다. 그러므로 항상 아내를 부를 때에는 가까이 다가가서 그녀의 상황을 본 다음에 잔잔하고 편안한 목소리로 불러야 함을 알았습니다.

주님은 너무나 인격적인 분이십니다.
그분은 우리와 같이 부족한 이들을 인격적으로 대해주시며 우리도 또한 다른 이들을 사랑으로 인격적으로 대해주기를 원하십니다.
그러므로 우리가 그렇게 주님의 원하심을 따라갈 때에 우리는 주님의 사람이 되며 좀 더 주님께 가까이 나아갈 수 있는 것입니다.

40. 사랑은 논리가 아니다

사랑은 논리가 아닙니다.
미움도 논리가 아닙니다.
그것은 맹목적인 것입니다.
우리는 이유가 있어서 미워하는 것이 아니며
미워하기 때문에 미워할 이유를 찾습니다.
우리는 이유가 있어서 사랑하는 것이 아니며
사랑하기 때문에 사랑할 이유를 찾습니다.
사랑의 영이신 주님이 우리에게 오실 때
우리에게는 사랑해야할 수백 가지의 이유들이 떠오릅니다.
그러나 사랑의 왕이신 그분과 멀어질 때
우리는 수 백 가지의 미워해야 할 이유를
발견하게 되는 것입니다.

41. 자기 변호의 무익함

우리는 자신에 대하여 변호하거나 좋게 이야기할 필요가 없습니다.
어떤 이가 우리를 싫어한다면 우리가 변호를 해도 그는 여전히 우리를 싫어할 것입니다.
오히려 그 변호를 인하여 더욱 더 싫어할 것입니다.
어떤 이가 우리를 좋게 생각한다면 그가 우리를 좋아하기 때문에 우리는 자신에 대하여 좋게 이야기할 필요가 없습니다.
결국 어떤 경우든지 우리는 자신을 변호하거나
좋게 이야기할 필요가 없는 것입니다.

42. 주님께 의탁함

우리가 자신을 방어한다면
주님은 우리를 방어하시지 않습니다.
그러나 우리를 주님의 손에 맡긴다면
주님은 그 손으로 우리를 보호하십니다.
모세가 미리암의 비난을 받을 때
그는 침묵을 지켰습니다.
그러자 그 상황에 주님께서 직접 개입하셨습니다.
스데반이 돌에 맞을 때 주님은 개입하지 않으셨지만
대신에 기쁨을 주셨습니다.
공격을 받을 때
우리는 자신을 오직 주님께 맡겨야 합니다.
주님이 개입하시든 우리를 제물로 삼으시던
그것은 주님의 뜻이며
우리는 단지 순종할 수 있을 뿐입니다.
결과가 어떻게 되든 순종히는 이들은
언제 어떤 상황에서도
평안과 기쁨의 안식을 누리게 될 것입니다.

43. 영적인 사람으로 보이는 위험

사람들에게 영적인 사람, 영적으로 깊은 사람으로 보이는 것은 어떤 면에서 다소 위험스럽고 좋지 않은 면이 있습니다.
일반적으로 사람들은 영적으로 보이는 이들을 대단하게 생각하는 경향이 있습니다. 그들은 약간의 은총을 누리고 있는 이들에게 영광의 면류관을 씌우며 불건전한 기대를 가지며 하나님처럼 높이고 그들을 모든 문제와 고통과 의문의 해결사처럼 생각합니다. 그러다가 자신들의 기대가 좌절되면 쉽게 실망하거나 아니면 조금 전의 태도와는 정 반대로 온갖 공격을 퍼부어대기도 합니다.
그러나 그것은 좋은 자세가 아닙니다. 사람에 대하여 지나친 기대를 갖는 것도, 높이는 것도 좋은 자세가 아닙니다.
주님 외에는 아무도 온전하지 않으며 대단하지 않습니다. 외적으로 신령하게 보이고 영적이라고 느껴지는 이들도 주님께서 맡기신 어떤 것에 대하여 조금 경험하고 조금 누리고 있을 뿐입니다. 사도 바울도 베드로도, 교회사에 있었던 많은 주님의 사람들도 하나도 특별한 존재가 아니며 우리가 흔히 만날 수 있는 평범하고 연약한 인간에 불과한 것입니다. 사람을 우상시하는 속성은 광야에서 금송아지를 만든 이스라엘 사람들처럼 타락한 결과의 한 속성일 뿐입니다.
어떤 어리석은 사람들은 자신의 영적인 상태를 과장하고 자기의 영적 체험을 자랑하며 별로 많은 것을 가지고 있지 않으면서도 자신의 상태를 과시하여 사람들을 소유하고 사람들의 존경과 인정을 얻으려고 합니다.
그것이 어떠한 대가를 지불해야 하는지를 안다면, 그것이 얼마나 위험한 상태인지를 안다면 그들은 결코 그러한 과장을 통하여 사람들에게 존경받고 높임 받는 것을 원하지 않을 것입니다.

사람은 누구나 육체를 가지고 있는 동안에는 부족하고 연약합니다. 모든 사람이 부분적으로 은혜를 얻으며 부분적으로 연약합니다.
주님께서는 어느 누구에게도 그분의 많은 것들을 어느 정도 이상으로 허락하시지 않습니다.
그분은 우리에게 빛을 보여 주시지만 많은 경우 그분은

우리를 혼돈과 어두움 속에 내버려두시며 오직 그분만이 빛이신 것을 알게 하십니다.
다른 이들에게 자신을 영적인 사람으로 보이려고 하지 마십시오. 그것은 당신을 외식하게 만들 것입니다.
다른 이들을, 영적으로 보이는 지도자들을 대단하게 생각하고 높이지 마십시오.
당신은 실망하게 될 것입니다.
사람에 대하여 지나친 기대와 존경을 가지는 것은 당신에게도 그에게도 아무런 유익이 없습니다.
그리스도만이 우리의 지도자이십니다.
그분만이 우리의 빛이며 진리이며 생명이십니다.
우리는 오직 주님만을 바라보고 높여야 합니다.
사람을 지나치게 높이지 마십시오.
또한 사람들에게 존경받기를 기대하지 마십시오.

영적인 사람이 되려고 하십시오.
그러나 영적인 사람으로 보이려고 하지 마십시오.
사람들의 존경과 찬사를 거절하십시오. 그것을 기대하지 마십시오.
우리는 모두 주님 안에서 작은 종에 불과합니다.
우리는 모두 부분적으로 은혜를 입었으나 여전히 미약

하고 부족한 종일뿐입니다. 날마다 오직 주를 바라보며 주의 은총 속에서만 살아갈 수 있는 연약한 종인 것입니다.

사람들의 칭찬에서 벗어나 오직 주의 시선에 당신의 마음을 두십시오. 그렇게 할 때 당신은 많은 묶임 가운데서 벗어날 수 있게 될 것입니다.

44. 느낌과 생각과 실상

우리가 안다고 생각하는 것이
실제로 안 것은 아니며
우리가 깨달았다고 생각하는 것이
실제로 깨달은 것은 아닙니다.
우리가 실족했다고 생각하는 것이
실제로 실족은 아니며
우리가 모르겠다고 생각하는 것이
실제로 모르는 것은 아닙니다.
그러한 것은 다 우리의 생각과 느낌에 불과합니다.
우리가 얼마큼의 실제에 도달했는가 하는 것은
주님만이 아시는 것입니다.
주님의 인식만이 실제인 것이며
주님의 가르치심만이 온전한 것입니다.

그러므로 우리는 자신의 상태에 대하여
일희일비 하지말고
우리의 인생을 창조하시고

영원부터 영원까지
계획하시고 인도하시는
주님의 프로그램
그분 자신을 신뢰하여야 합니다.

자신의 생각과 느낌을 온전한 것으로 여기지 마십시오. 자신의 눈을 믿지 마십시오.
밤하늘에 별빛이 보이지만
그러나 우리가 보는 그 빛은
이미 수 억 년 전에 보내진 것이며
지금 그 자리에는 별이 없습니다.
우리의 깨달음은 그렇게
희미한 별빛을 보는 것과 같으며
그러므로 우리는 그러한 느낌을 신뢰하는 것보다
영원하신 주님,
신실하신 주님만을
온전히 신뢰하고 사모해야 하는 것입니다.

45. 융통성의 행복

자신의 생각을 절대시하지 마십시오. 자신의 견해가
꼭 옳다고 생각하지 마십시오.
어떤 이들은 '이것은 이런 것이야',
'이것은 반드시 이래야 돼'
그런 강한 의식을 많이 가지고 있습니다.
의식이 견고하고 확신이 많으면
다른 이들을 불편하게 하고 부담을 주며
그 경직성으로 인하여 영혼의 성장에 어려움을 겪고
자주 부딪침과 혼란에 빠지게 됩니다.
여유있고 부드럽게 생각하십시오.
이 세상에는 우리가 모를 것이 많고
배워야 할 것이 많습니다.
우리는 언제나 틀릴 수 있습니다.
우리가 사고의 경직됨과 확신에서 벗어나
융통성과 여유를 가지게 될 때
우리는 모든 사람과 행복하게 지내며
대부분의 상황을 즐겁게 넘길 수 있게 될 것입니다.

46. 주님의 고독

이 땅에서 주님은 고독하십니다.
진정 그분은 마음을 나눌 자가 없어서 고독하십니다.
엄마가 아기를 안아주고 사랑할 수는 있지만
아기와 깊은 대화를 나눌 수는 없습니다.
그러므로 우리의 영혼은 자라야 합니다.
주님이 그분의 고독과 슬픔과
그 마음에 담긴 많은 것들을
우리와 같이 나눌 수 있도록
우리의 영혼은 자라야 합니다.
슬프게도 너무나 많은 영혼들이
육체와 환경과 자기 문제와 썩어질 것들에 집중하여
주님의 마음과 교통할 상태가 되지 않습니다.
그러므로 주님의 고독은 계속되고 있는 것입니다.

우리의 영혼은 자라야 합니다.
그것이 우리 인생의 목적이 되어야 합니다.
영혼이 성장하여

주님이 그분의 마음을 조금 씩 조금 씩
더 깊이 보여주실 때
우리는 주님의 기쁨 속에서, 슬픔 속에서
같이 울고 웃으며
천국을 경험하게 되는 것입니다.

부디 자신에게서 놓여나십시오.
자신의 문제와 환경의 문제에서 벗어나십시오.
당신의 시선을 오직 주님의 마음에 두십시오.
그렇게 우리는 주님의 마음속으로
들어가야 합니다.
그리고 그때부터 주님의 선물이 아닌
주님 자신이
우리 가운데 임하시기 시작하는 것입니다.

47. 꿀 같은 눈물

어제와 오늘 하루 종일 눈물로 보냈습니다.
주님의 사랑 때문에
그냥 계속 울었습니다.
주님의 피는 그분의 눈물이며
그 눈물은 사랑입니다.
그분의 눈물이 내게도 전염되어
그저 마냥 울었습니다.
그 눈물은 우리를 정화시키고
그분과의 사랑의 교제로
이끄는 힘이 있는 것 같습니다.
눈에는 눈물이 흐르고
가슴에는 꿀물이 흐릅니다.
주님을 생각하며
눈물로 하루를 보내는 것은
참으로 행복한 일 같습니다.
그것은 천국과 비슷한 것이 아니고
바로 천국입니다.

48. 만물에 기록된 사랑

하늘을 바라보십시오.
온 하늘 가득히 '하나님은 사랑이시다..'
라고 쓰여져 있습니다.
밤하늘의 별을 보십시오.
'그들은 하나님은 사랑이시다..'
라고 말합니다.
온 우주의 소리를 들으십시오.
그들은 말하기를
'하나님은 사랑이시다..'
라고 합니다.
눈을 감고 귀를 막아도
우리는 그 사랑의 메시지에서
벗어날 수 없습니다.
우리는 자신이 인식하지 못할 뿐
우리의 영혼은 그 사실을 알고 있습니다.
하나님은 사랑이시라는 것을
그분이 우리를 그리워하신다는 것을..

그분이 우리를 사랑하신다는
그 당연한 사실 앞에서
우리는 하나같이 무너져 내립니다.
그것을 이미 우리가 알고 있었기 때문입니다.
집나간 자식이 돌아올 때 부모가 감격하듯이
이미 우리 안에 있었으나
잠시 보이지 않았다가 다시 돌아온 깨달음 앞에서
우리는 감격하고 무너집니다.

오래 전부터 우리는 알고 있었습니다.
하나님은 사랑이시며
그분은 우리를 그리워한다는 것을 말입니다.
알면서 그 사실을 우리는 그리워했습니다.
듣기를 원했습니다.
하나님은 사랑이시며
그분은 우리를
그리워한다는 것을 말입니다.

49. 우주를 지배하는 사랑

우주 만물을 유지하고 있는 힘은
하나님의 사랑입니다.
하나님의 사랑이 없으면
우주는 단 1초도 유지될 수 없습니다.
지구를 끌어당기는 힘은 만유인력이 아니라
하나님의 사랑입니다.
하나님은 사랑이시며
그분의 운행은 사랑의 움직임입니다.
영혼이란 다른 무엇이 아니라
사랑 그 자체이며
영혼의 움직임은 사랑의 파동입니다.
그러므로 하나님을 경험한 사람은
그 사랑의 운행을 통하여
영혼이 강건해지며
그 영혼에서 사랑의 파도가
흘러나오게 됩니다.

영혼이 건강한 것은 사랑이 충만한 것이며
육성이 가득한 것은 사랑이 없는 것입니다.
이 우주 안에는
하나님의 사랑이 충만하게 운행됩니다.
그 하나님의 사랑을 신뢰하지 않을 때
두려움, 염려, 근심, 분노, 미움
등의 모든 재앙이 시작됩니다.

하나님의 사랑을 믿지 않는 것
그것은 인간이 할 수 있는
가장 어리석은 일입니다.
사람이 할 수 있는
가장 영광스러운 일은
우주에 가득한 하나님의 사랑을 신뢰하고
감사하고 경배하는 일입니다.
그리고 거기에서부터
천국은 시작됩니다.

50. 주님이 주시는 분량

우리는 슈퍼맨이 아닙니다.
주님이 힘을 주시지 않을 때
우리는 아무 것도 할 수가 없습니다.
어려운 상황에 처한 사람이 도움을 요청할 때
우리는 무조건 그를 도와야 한다고 생각합니다.
그러나 우리가 주님의 사람이라면
우리는 그것을 주께 물어야합니다.
그리고 그 분부에 따라서 움직여야 합니다.

오늘날 많은 그리스도인들이
휴머니즘과 주님의 감동을 분별하지 못합니다.
또한 차마 거절을 할 수가 없어서
행한 후에 나중에 후회를 하곤 합니다.
그러나 주님으로부터 시작되지 않은 그 어떤 일도
좋은 열매를 맺을 수는 없습니다.
억지로 일을 하고 뒤에서 불평을 하는 것은
바른 것이 아닙니다.

원하지 않는 것을 거절하는 것은
그리 쉬운 일이 아닐 수도 있습니다.
그러나 우리가 온전히 주님께 속한 사람이 되려면
우리는 그러한 것을 훈련해야 합니다.
우리는 사람에 속한 자가 되지 않고
주님께 속한 자가 되어야 합니다.

사람들은 선한 행실을 중요시합니다.
그러나 선한 행실 보다 더 중요한 것은
그것이 주님으로부터 왔는가 하는 것입니다.
어떤 말이든 행동이든 아무리 겉으로는 괜찮게 보여도
그것이 주님으로부터 시작된 것이 아니라면
그것은 결코 생명에 속한 열매를 맺지 못합니다.

당신은 슈퍼맨이 아닙니다.
당신은 스스로 온전하지 않습니다.
그러므로 당신은 주님의 사람이 되어야 합니다.
무엇을 하기 전에, 움직이기 전에 주께 물으십시오.
그렇게 주님의 인도하시는 분량 안에서 움직일 때
당신은 아름다운 열매들을 얻을 수 있게 될 것입니다.

51. 주님의 평가를 선택하기

우리는 사람들에게 좋은 평가를 받고 싶어합니다.
누군가가 우리를 좋게 평가하고 있다면
그를 실망시키지 않고 싶어합니다.
그래서 싫은 일도 하게 되는 경우가 있습니다.
우리가 주님의 종이 되기 원한다면
우리는 이러한 성향에서 벗어나야 합니다.
우리는 할 수 있는 한
사람을 즐겁게 해야 하며
그들에게 기쁨을 주어야 합니다.
그러나 어느 때에는
주님과 사람 어느 한 쪽 밖에
기쁘게 할 수 없을 때가 옵니다.
그 때 우리는 주님을 선택해야합니다.

사람의 평가에 대하여 둔감해지십시오.
당신을 칭찬해도 기뻐하지 말고
당신을 욕해도 슬퍼하지 마십시오.

그러한 것은 바람처럼 파도처럼
지나가는 것입니다.
당신이 그러한 평가에 대하여
많은 영향을 받고 있다면
당신은 결정적인 순간에 주님을 선택하는 것이
어려울 지도 모릅니다.

사람의 평가에 매달리지 마십시오.
주님만이 우리를 아시며 진실하게 평가하십니다.
그리고 그 주님의 평가만이
진정 아름답고 가치 있는 것이며
영원한 보화와 상급이 되는 것입니다.

52. 고요함으로 열리는 은혜

죽음은 생명의 시작입니다.
육체의 죽음은 영적 생명의 시작입니다.
계란 껍질의 죽음은
병아리의 생명의 시작입니다.
한 세계가 끝나면
다른 세계가 시작됩니다.
정지는 활동의 죽음입니다.
침묵은 언어의 죽음입니다.
고요함은 바깥 세계의 죽음이며
영의 역사가 시작되는 시점입니다.

고요함이 깊어질수록 내적인 세계가 열립니다.
고요함은 안식이며
내면의 길이며 생명의 문입니다.
고요함을 통하여
내적 세계로 들어가는 문을 발견한 이는
누구나 깊은 은혜의 실상을 경험하게 될 것입니다.

53. 은혜의 시작

높은 마음은 모든 재앙의 시작입니다.
그것은 지옥의 입구입니다.
미움도 분노도 판단도 상처도
다 높은 마음에서 옵니다.
낮은 마음은 모든 은혜의 시작입니다.
그것은 천국의 시작입니다.
사랑도 기쁨도 평안도
이 낮은 마음에서 옵니다.
사람들이 깊고도 아름다운
은혜의 세계에 머물지 못하는 한 가지 이유는
이 낮은 마음을 가지지 못하기 때문입니다.
주님은 오직 낮은 마음을 품은 자에게 오시며
그분이 오실 때 그 영혼은 새로워지기 시작합니다.

우주 안의 첫 번째 죄는 높아짐입니다.
사단은 높아지기를 원하여
천사에서 사단으로 타락하였습니다.

그러므로 조금이라도 높아지기를 원하는 자는
사단의 밥을 면할 수 없습니다.
세상의 모든 이들이 높아졌으나
오직 한 분 주님이
자기를 비어 종의 형체를 가지고
이 땅에 오셨으며
구원의 역사를 이루셨습니다.
그러므로 높은 생명은 사단의 밥이며
낮은 생명은 주님과 연합됩니다.
이것을 볼 수 있다면
우리는 모든 긴장과 요란함을 버리고
그저 조용히 주님 앞에
엎드리기를 원할 것입니다.
많은 것을 성취하기 위함이 아니고
오직 가난한 마음으로
그분을 얻기 위해서 말입니다.

54. 쉬운 해결책

변명을 하는 것은 참으로 어렵고 복잡한 일입니다.
변명을 하기도 쉽지 않지만
변명으로 상대의 마음을 만족시키기는 더 어렵습니다.
그러나 '죄송합니다..' 라고 한 마디 하는 것은
아주 쉬운 일입니다.
그리고 그것으로 아주 많은 문제들이 해결됩니다.
자존심만 포기할 수 있다면
우리는 인생의 많은 복잡한 문제들을
쉽게 지나갈 수 있게 될 것입니다.

55. 부흥과 대가

많은 이들이 부흥을 원합니다.
그러나 부흥을 위하여
대가를 지불하는 이들은
별로 없습니다.
부흥은 주님의 임하심의 결과입니다.
그리고 그 부흥에는 대가와 희생이 필요합니다.
그 대가는 무릎과 눈물과 심장의 찢어짐입니다.
대가를 지불하는 사람이 많을수록
부흥은 옵니다.
갈보리의 보혈이 우리를 구원했듯이
주님의 사람들의 고통을 통해서
부흥과 주님의 역사는
온 땅에 흘러넘치게 되는 것입니다.

56. 눈을 지키기

하와는 선악과를 물끄러미 쳐다보았습니다.
그리고 나서 그것을 먹었습니다.
그러자 그녀의 의식과 가치관과 그 모든 것에
많은 악한 변화가 생기기 시작했습니다.
무엇을 쳐다보든 우리는
그것에 사로잡히게 됩니다.
그러므로 눈을 지키는 것은 마음을 지키는 것이며
눈을 빼앗기는 것은 영혼을 빼앗기는 것입니다.
오늘날 이 시대의 많은 사람들은
마치 의식이 없는 동물처럼 본능으로 살고 있는데
그것은 그들이 그들의 눈을 빼앗기고 의식을 빼앗겨서
그 눈을 통하여 어두움과 정욕의 기운이 들어와
그들을 사로잡고 지배하고 있기 때문입니다.

진정한 해방을 위하여
우리는 우리의 시선을
주님께 고정시키고 있어야 합니다.

어디서 무엇을 하든지 우리의 눈은
주님을 향하고 있어야 합니다.
그것은 우리의 영혼을
아름답고 자유로우며
풍요하게 만들어 줄 것입니다.

주님은 천국의 근원이시며
생명과 모든 풍성함의 근원이십니다.
그러므로 그분을 바라보는 그 시선을 통하여
천국의 모든 영광이 임하게 됩니다.
그렇기 때문에 우리는 언제나 어디서나
우리의 눈을 지키고
오직 주를 향하여야 하는 것입니다.

57. 주님의 모든 것 되심

주님을 얻는 것은
모든 것을 얻는 것입니다.
주님의 마음을 느끼는 것은
모든 것을 얻는 것입니다.
주님의 소유가 되는 것은
주님께 사로잡히는 것은
모든 것을 얻은 것입니다.

그것은 온전함입니다.
그것은 충만함입니다.
그것은 행복입니다.
주를 얻은 자는 진정 배부르며
그에게는 아무 것도 더 이상
필요하지 않습니다.

58. 영성 집회의 은혜

영성 집회를 인도합니다.
많은 눈물이 있습니다.
많은 통곡, 절규가 있습니다.
많은 이들이 비명을 지릅니다.
많은 이들이 주를 부릅니다.
'주님.. 주여.. 예수.. 예수.. 예수.. 예수..
아버지.. 오, 주님.. 나의 하나님.. 하나님..'
어떤 이들은 땅바닥에서 구릅니다.
어떤 이들은 온 몸을 흔듭니다.
어떤 이들은 울부짖습니다.

나는 그것이 행복합니다.
나는 그 아수라장이 좋습니다.
눈물, 절규, 소란스러움..
그러나 그 가운데 주의 영의 운행하심이 있습니다.
나도 많이 웁니다.
울고 또 울고 통곡합니다.

울면서 행복하고, 울음이 멈춘 뒤에 느껴지는
심령의 꿀 같은 시원함을
말로 다 표현할 수가 없습니다.
어떤 이들에게는 이것은
무질서와 혼돈이겠지만
나는 그러한 소란스러움을 사랑합니다.

주님께서 어떤 때는 깊은 고요함을 주시고
어떤 때는 아수라장과 같은 소란함 속에서
영광의 운행을 드러내십니다.
나는 그러한 공간을 사모합니다.
온 예배당 가득히 주의 이름을 부르는 소리, 음성,
찬양, 기도, 외침..
그 함성이 가득한 영광의 공간을
나는 사모합니다.
그러한 공간 그러한 예배가 이 땅에 가득하기를
나는 사모하고 사모하고 또 사모합니다.
오, 주님..
우리에게 임하여 주시옵소서..
충만하게 임하시옵소서..
간절히 기다립니다.

59. 적용의 중요성

어떤 진리를 깨닫는 것은 참 좋은 일입니다.
그러나 더 좋은 일은 그 깨달은 진리를
자신에게 적용하는 일입니다.
어떤 이들은 많이 깨닫지만
그것을 주로 남에게만 적용을 합니다.
지도자들은 남들을 많이 가르치지만
자신에게는 별로 적용하지 않는 경향이 있으며
그러므로 남들은 변화시키지만
자신은 별로 변화되지 않습니다.
어떤 놀라운 명약이든지 그것을 복용할 때에
비로소 그것은 능력을 나타낼 것입니다.

60. 달콤함을 제한하심

사람들은 주님의 은혜와 달콤한 터치를
경험하기 위하여 애를 씁니다.
주의 임재의 경험은 아주 중요한 것이며
영적 성장에 필요한 것입니다.
그러나 주님께서는 성도의 영적 수준을 넘어서서
그의 임재를 부어 주시지는 않습니다.
왜냐하면 주의 임재와 영광은 너무나 달콤하여
누구든지 그것을 조금만 맛보면
하루 종일 아무 것도 하지 않고
오직 거기에만 매달려 있을 수도 있기 때문입니다.
그러므로 주님은 때가 이르기 전까지,
어떤 감각이나 느낌보다도 더 주님을 사랑할 때까지,
그러한 경험을 감당할 수준이 될 때까지
깊은 황홀경으로부터
어린 성도를 보호하시는 것입니다.

61. 주님의 기다리심

어떤 이들은 별로 아는 것이 없지만
자신은 많이 알고 있다는 영에 잡혀있습니다.
그러므로 그들은 진리의 영에 접촉하기 어렵습니다.
어떤 이들은 주님을 별로 사랑하지 않으며
자신이 많이 드러나기를 원하지만
자신은 주님을 많이 사랑한다는 영에 잡혀있습니다.
그러므로 주님은 그분의 사랑을 그들에게
쏟아 부어주시기가 어렵습니다.

오직 시간이 그들의 상태를 드러내주며
실패와 절망이 그들의 모습을 밝혀줄 수 있습니다.
그러기 때문에 주님은 그들을 사랑하시며
그들에게 가까이 임재하시기를 원하시지만
그분의 때를, 그들이 준비되는 그 때를
그들이 잠에서 깨어나 자신의 실상을 알게 될 때를
그리하여 주님이 임하실 수 있는 그 시간들을
안타까이 기다리시는 것입니다.

62. 내부의 기쁨

내부의 만족이 무엇인지 아는 이는
바깥의 만족을 구하지 않습니다.
내부가 공허하고 비어있는 이들은
바깥의 활기, 즐거운 분위기, 쾌락을 찾아 헤맵니다.
그리고 바깥에서 그러한 것들을 찾지 못하면
그들은 우울해지고 비참해집니다.

내부의 기쁨은 천국과 연결되어 있으며
바깥의 즐거움은 지옥과 연결되어 있습니다.
삼손은 하나님의 사람이었지만
이 내면의 기쁨, 내면의 생명을 알지 못하고
바깥의 아름다움에 취하여 바깥의 위안을 구하다가 멸망하고 말았습니다.

바깥을 추구하지 마십시오.
사람들이 알아주는 것을 추구하지 마십시오.
바깥에서 즐거움을 얻지 마십시오.

바깥의 만족을 구하는 자,
그 물을 마시는 자들은 다시 목마르며
그러므로 우리는 우리 안에서 영원히 사라지지 않는
생명수를 먹고 마시고
경험해가야 합니다.
그리고 그것이
살아서 경험하는 천국의 실제인 것입니다.

많은 이들이 바깥의 주님을 경험하나
내부의 주님을 모릅니다.
그러므로 그들은 공허하고 넘어집니다.
그러나 누구든지 내부의 주님을 붙잡는다면
그는 영원히 소멸되지 않는 기쁨의 생수를,
썩지 않고 더럽지 않고 쇠하지 않는 기업을
가지게 될 것입니다.
내부의 기쁨, 그것은
그분을 사랑하는 성도가 누릴 수 있는
영원한 기쁨이요 감추어진 행복인 것입니다.

63. 응답의 수준

기드온은 양털을 구했고 표적을 얻었으나
생명의 주를 알지 못했습니다.
그는 외적인 승리를 이루었으나
그의 내부는 별로 풍성하지 않았고
그의 말년은 그리 아름답지 않았습니다.
기도의 응답은 본인의 영적 수준만큼 옵니다.
환경의 풍성함을 구하는 이에게는 환경으로 오며
생명을 구하는 이에게는 생명으로 옵니다.
우리가 율법의 수준에 있을 때는
율법의 응답이 오며
생명과 은혜의 법 속으로 들어갈 때는
생명과 은혜의 감동과 응답을 얻게 됩니다.

우리가 생명의 주를 경험하지 못했을 때는
많이 기도해도 응답을 잘 받지 못하며
응답을 받더라도 자신의 영적 상태에 해당하는
응답만을 느끼게 됩니다.

그러나 우리가 주님의 생명 가운데 있을 때
우리는 적은 기도, 단순한 기도에도
주님이 풍성하게 역사하시는 것을 경험하게 됩니다.

생명의 주를 먹고 마시며
그분 가운데 사로잡히십시오.
점점 우리는 자신의 소원과 이상이 사라지고
주님의 뜻만을 구하게 되어
즐거이 우리의 의지를 그분께 드리게 되고
오직 주님께 이끌리게 됩니다.
우리는 일과 사역과 환경과
모든 것에 상관없이 주를 기뻐하며
오직 우리가 그의 소유된 것을
행복하게 여기게 되는 것입니다.

64. 사역자의 위험성

이용도 목사를 통하여 강력한 성령의 역사와 부흥의 불길이 도처에 확산되고 있었을 때 그가 소속되어 있었던 황해 노회에서는 이용도 목사를 매장하기로 결의하였습니다. 그 이유는 다음과 같습니다.

1. 이용도는 교회를 훼방한다.
2. 이용도는 여신도들과 서신거래를 자주 한다.
3. 이용도는 불을 끄고 기도한다.
4. 이용도는 교역자를 공격한다.
5. 이용도는 무 교회 주의자이며 교회를 혼란케하니 초청해서는 안 된다.

역시 비슷한 시기에 평양 노회에서도 다음과 같은 결의사항을 내놓았습니다.

1. 이용도는 거짓말장이다.
2. 이용도는 대접받기를 좋아한다.

3. 이용도는 파괴주의자다.
4. 이용도는 질서를 혼란케 하는 자다.
5. 이용도를 세우면 본 교회 담임목사가 푸대접을 받아 살 길이 막막해진다. 그러므로 우리 노회 지경에 들이지 말자.

이 의견은 52 : 39로 가결 통과되었습니다.
가결에 투표한 한 의견은 다음과 같습니다.
'이용도는 예수를 중심으로 하고 설교함에 진리는 있다. 고로 진리를 먹으려면 그를 청해야겠다. 그러나 그를 청하면 그와 같이 못하는 그 교회 목사가 푸대접을 받게됨으로 그를 청하지 말아야겠다.'
지금의 시각으로 보면 너무 어처구니없는 이유로 정죄된 것을 알 수 있습니다.

사역이란 사역자가 주님의 통로가 되었을 때 귀하고 아름다운 것입니다. 그러나 사역자가 주님의 은혜와 권능의 도구가 되지 못할 때 그는 주님의 대적자가 될 수도 있는 것입니다.
오늘날 적지 않은 사역자들은 주님이 자신을 사용하지 않고 다른 이들에게 임하시며 그들을 사용하는 것을 참지 못하며 그들이 사람들의 인기를 끌고 자신의 위치를 빼앗기게 되는 것을 견디지 못합니다.
사역자들의 시기와 질투 때문에 주님도 죽으셨고 스데반도 바울도 모든 제자들도 박해를 당했습니다. 그들은 결코 이방인들에게 고통을 겪은 것이 아닙니다.
교회사의 그 어느 시기에도 주님의 사람들은 사역자들에게 고통을 겪었지 불신자나 성도들에게서 배척을 받지 않았습니다.

그런 면에서 볼 때 사역자가 된다는 것은 얼마나 두려운 일인지요! 성도들은 단순히 주님의 은혜를 구하며 사역자에게 배운 대로 신앙 생활을 하려고 합니다. 그러나 사역자들은 주님 자신보다는 자신의 사역을 더 중요하게 여기기 쉬우며 주님 자신보다 자신의 조직의 부흥과 활성화를 더 추구하게 되는 위험성을 가지고 있습니다.
자신의 조직과 사역의 확장은 자신의 위치와 명예와 경제와 편안한 삶과 그 모든 것에 영향을 미치기 때문입니다.
주님 자신보다 사역과 조직에 대한 열정과 충성은 너무나 두렵고 무서운 일입니다. 세례요한과 같이 '그는 흥하여야 하고 나는 쇠하여야 하리라' 하는 자세는 사역자에게 너무나 필요한 것입니다.
나는 성도들이 은혜 받는 곳에 가지 못하도록 애쓰고 노력하며 자신의 교회에 오게 하려고 위협과 회유와 수단 방법을 가리지 않는 사역자들을 많이 보았습니다.
그것은 얼마나 비참한 일인지 모릅니다.

사역 - 이는 매우 아름답고 영광스러운 것입니다.
성도들은 사역자의 눈물과 피를 먹고 자라는 것이며 사역자의 찢긴 심령만큼 성도들은 생명을 얻습니다.
그러나 사역자가 성도에 대하여 권리를 주장해서는 안 됩니다.
사역자는 자신이 주님의 통로가 되기를 기대해야 하며 주님이 자신을 쓰시지 않는다면 분노할 것이 아니라 티끌만큼 낮아지고 엎드려서 주님의 때가 오기를 기다려야 합니다.
이 땅에 주님의 아름다운 사역자, 사역들이 불처럼 일어나기를 기대하고 기도합니다.
오직 주를 위해 죽기를 원하며 자신은 아무 것도 바라지 않고 오직 피를 흘리기 만을 원하는 주님의 사역자들이 많이 일어나기를 소원합니다. 그 기초 위에서 이 땅에 부흥은 올 수 있기 때문입니다.

사역자들과 교회들이 서로 경쟁하지 않고 연합하고 사랑하고 축복하며 서로의 약한 부분을 세우고 섬기는 사랑과 희생의 많은 섬김의 동역들이 이 땅에 많이 이루어지기를 간절하게 기도하고 사모합니다.

그러한 아름답고 풍성한 사역이 많아지도록 우리는 모두 같이 기도해야할 것입니다.

65. 꾸준하게 건축하기

건축을 위해서는 일관성이 있어야 합니다.
기둥을 하나 쌓고 그 다음날에 허물고
다시 벽돌을 쌓고 그 다음날에 허물고
그렇게 해서는 몇 년을 건축해도
건물을 지을 수 없습니다.

집회에서 기름부음을 받고
집에 가서 그것을 소멸하고
다시 기도하고 말씀을 읽으며 주의 생기를 얻고
다시 삶 속에서 주님을 잊고
그래서는 10년을 믿어도
주님이 거하실 전을 우리 안에 건축하지 못합니다.

일관성을 가지십시오.
꾸준하게 주님을 추구하십시오.
언제 어디서나 주만 바라보십시오.
즐거워도 슬퍼도 오직 주만 바라보십시오.

한꺼번에 모든 은혜를 받으려 하지 말고
날마다 조금씩 꾸준하게 하십시오.
순간에 많은 열심을 내던 많은 이들이
꾸준함이 부족하여 실족합니다.

그러므로 하루에 많은 길을 가지 않더라도
날마다 조금씩 꾸준하게 걸어가고
도중에 포기하지 마십시오.
다른 곳에 눈을 돌리지 말고
오직 꾸준하게 걸어가십시오.
그러한 꾸준함을 통하여
주님의 전은 우리 안에서
날마다 견고하게 건축되는 것입니다.

66. 천국과 지옥의 문

눈은 지옥으로 향하는 문이며
심령은 천국으로 향하는 문입니다.
그러므로 주님은
너희는 본고로 믿느냐고 반문하셨으며
성경은 말하기를 믿음은 보는 것이 아니고
들음에서 난다고 하였던 것입니다.

하와는 선악과를 보고 타락하였으며
주님은 마귀가 보여주는 세상 영광을 거절하셨습니다.
영혼이 어린 자는 눈의 즐거움을 얻기 원하며
영혼이 장성한 자는 심령의 즐거움을 얻기 원합니다.
어리석은 여인들이
자신의 외모를 아름답게 가꾸려고 전심을 기울이나
그것은 스스로 재앙을 쌓은 것과 같은 것은
그러한 외적 아름다움의 추구는
육성의 충만함을 일으키기 쉬우며
그것은 같은 육성의 정욕을 끌어당기기 때문입니다.

이세벨은 죽음이 가까이 왔을 때도 눈썹을 그리고 예후를 유혹하였습니다. 그러나 그녀의 미모가 어리석은 아합 왕에게는 통하였고 그녀의 위협이 엘리야의 기를 꺾는데 성공하였으나 예후의 신선하고 강한 기름부음을 꺾을 수 없어서 예후는 그녀를 창에서 집어던지게 했고 그녀는 손바닥과 발바닥밖에는 남지 않고 죽었습니다. 그것은 외적인 아름다움을 추구하는 이들의 종말을 보여주는 것입니다.

본능으로 사는 많은 이들이 눈의 즐거움을 구하며 쾌락을 추구합니다. 그것은 지옥을 심는 것입니다.
심령의 아름다움을 구하는 이들은 순결함과 거룩과 영광을 구합니다. 그리고 그것은 생명의 충만함과 천국의 임재를 가져옵니다.
고운 것도 아름다운 것도 다 헛된 것이지만
오직 그 심령이 주를 향하며
그 내면의 아름다움을 추구하는 이들은
칭찬을 받으며 존경을 받으며
이 생에서나 나른 생에서나
주님의 사랑 가운데 영원히 거하게 될 것입니다.

67. 추위와 어둠의 원인

태양은 언제나 변함없이 지구를 향하여 있으며 열과 빛을 공급합니다. 그리고 그 열과 빛을 통하여 지구는 생명의 풍성함을 얻게 됩니다.
추위와 어두움이 생기는 것은 태양으로 비롯된 것이 아니며 태양을 향하여 등을 돌린 지구의 자전 때문입니다.
마찬가지로 주님의 사랑은 언제나 우리를 향하고 있지만 우리 안에 있는 어떤 부분이 스스로 주님의 사랑을 거부하여 자신을 어둠과 추위로 이끌어 가는 것입니다.
그러므로 우리가 주를 향할 때
우리는 언제 어디서나 그 빛과 열을,
사랑과 은혜를 공급받을 수 있는 것입니다.
태양이 변하지 않듯이
주님의 그 사랑도
결코 변하시지 않습니다.
우리가 계속 주를 갈망하고 있다면 말입니다.

68. 내부의 처리

사람들은 환경과 사람들 때문에
자신이 분노하고 짜증을 낸다고 생각합니다.
그러나 분노와 짜증은 그 사람의 내부에 있는 것이며
결코 바깥에서 나오는 것은 아닙니다.
우리는 바깥을 아무리 처리하려고 애써도
자유함을 얻을 수 없으며
진정 처리해야 할 것은
우리의 내부에 있습니다.

우리의 내부가 처리된 후에
우리는 바깥의 소란함이나 문제에도 불구하고
여전히 평안과 기쁨을 누리게 될 것입니다.
내부의 정화가 진행될수록
우리는 세상이 알지 못하는 평안을
맛보게 될 것입니다.

69. 사람을 보는 안목

주님을 사랑하지 않는 영혼은
살아있으나 죽은 것입니다.
그러한 이들의 외모는 아무리 아름답게 보여도
그 영혼의 모습은 흉악한 괴물처럼 끔찍한 모습이며
창백한 미이라처럼 생기가 없습니다.
외면이 매력적으로 보이는 많은 이들이 있어도
순간에 사라지는 외모를 보지 말고
그의 중심을 살펴보십시오.
중심을 볼 수 있는 안목을 구하십시오.
주를 사랑하는 영혼은 외모가 뛰어나지 않아도
진실하고 아름답고 그 내부에 평안이 있으며
시간이 흐를수록 귀한 열매를 맺게 될 것입니다.
육적인 안목으로 사람을 보기 때문에
많은 이들이 많은 고통의 대가를 지불하게 됩니다.
오직 사람의 중심과 심령을 볼 수 있을 때
주님의 사람을 분별할 수 있으며
아름다운 만남과 교제를 나눌 수 있게 될 것입니다.

70. 승리하는 삶의 비결

승리의 삶의 비결은 아주 간단합니다.
그것은 하루 24시간을 계속
어디에 있든지 무엇을 하든지
주님을 의식하고 붙드는 것입니다.
우리의 육체가 소멸된 사후에는
우리는 천국에 있으며
지옥과 교통할 수 없습니다.
그러나 이 땅에서 육체를 가지고 있는 동안에는
육체는 그저 이 땅에 있을 뿐이지만
영혼은 천국과 지옥의 영향을 받게 됩니다.
그러므로 우리는 계속 주님을 의식하고 불러야 합니다. 왜냐하면 주를 부르고 바라보는 그 순간에
악한 영들은 가까이 올 수 없기 때문입니다.

항상 주를 부르므로 자기의 영혼을 지키지 않는 사람은
원수들의 공격을 피할 수 없습니다.
마귀들은 항상 틈을 노리며 불화살을 우리에게 쏘아대

므로 깨어서 주를 붙들지 않는 이들은 그 공격에 대하여 자신을 방어할 수 없기 때문입니다.

집회 때에 은혜를 받았다고 안심하지 마십시오.
기도할 때에 기쁨이 임했다고 너무 좋아하지 마십시오.
챔피언이 된 것 못지 않게 중요한 것은
그 자리를 지키는 것입니다.
그 은혜를 잃지 말고
결코 놓치지 말고
하루 종일 당신의 의식이
주님을 향하게 하십시오.
그것이 이 땅에 살면서
항상 천국의 영광을 누리며 살아갈 수 있는
중요한 삶의 비결인 것입니다.

71. 내부의 천국

사단은 항상 바깥의 화려함을 보여줍니다.
그들은 바깥의 즐거움에 빠지게 합니다.
내면의 빛, 내면의 주를 알지 못하는 사람은
그 외부의 화려함에 빠질 수밖에 없으며
그들의 내면은 점점 더 비참해지게 됩니다.

내면의 기쁨을 얻으십시오.
당신의 내부에 계시는 주님을 붙드십시오.
거기에는 고요와 평안과 행복과 기쁨이 있으며
그 세계를 경험한 이들은
바깥의 영광에 끌려가지 않습니다.
그것은 거칠고 화려하지 않지만
아름답고 잔잔하고 깊은 행복이며
우리에게 미리 임하는 천국의 광채입니다.

72. 시각을 바꾸시는 주님

시각은 바로 그 사람 자신입니다.
사람들을 어떻게 보는가, 세상을 어떤 시각으로 보고
해석하는가 그것이 바로 그 사람입니다.
그러므로 어떤 이들은 항상 남의 잘못한 것을 보며
어떤 이들은 항상 원망하고 불평합니다.
어떤 이들은 누더기 속에서도 행복하며
비천함 속에서도 미소를 잃지 않습니다.
주님은 우리의 환경을 바꾸시지 않으며
우리의 주위 사람을 바꾸시지 않습니다.
그분은 우리 자신을 바꾸시며
우리의 시각과 마음을 바꾸십니다.
그리하여 주님의 눈과 주님의 마음을 받은 이들은
모든 이들이 사랑스럽고
세상의 모든 것들이 그저 아름답게 보여
아름다운 눈. 아름다운 마음을 가지고
남들이 이해할 수 없는 천국의 향취 속에서
나날이 행복하게 살아가는 것입니다.

73. 행복한 삶을 위한 배우자

위대하고 많은 일을 이루기 원한다면
당신은 열정적이고 강인한 사람을
배우자로 얻어야 할 것입니다.
그러나 행복한 결혼 생활을 원한다면
따뜻하고 온유하며 겸손한 이를 얻는 것이 좋습니다.
열정적인 사람은 강력하며
잘 좌절하지 않고
추진력에 있어서 뛰어나지만
그는 사납고 거칠어지기 쉬워서
옆에 있는 이들은 상처를 많이 받게 됩니다.
또한 온유한 이들은 성품이 아름답지만
대체로 용기가 부족하고 무기력하며
모험을 싫어하고 결단력이 부족합니다.

바람직한 배우자는 강력한 열정을 가지고 있으면서도 부드럽고 따뜻하고 여린 마음을 소유하고 있는 균형 잡힌 사람일 것입니다.

그러나 젊은 나이에 그러한 균형을 가지는 것은 일반적
으로 어려우며 그것은 많은 세월의 풍파를 통해서
조금씩 이루어져 가는 것입니다.
열정적이고 거칠은 이들은
많은 이들에게 상처를 주고
많은 비난을 겪으면서
많은 실패를 겪은 후에
나이가 들면 부드러워지며
온유하고 우유부단한 이들은
수많은 상처를 받고
아픔을 가지고 살다가
나이가 들면서 비교적 강인한 모습을
가지게 되는 것입니다.

그러므로 우리는 어느 한쪽을
선택해야 합니다.
외적인 성취보다, 많은 소유보다
마음의 평안과 내적인 만족을 원한다면
당신은 온유하고 겸손한 이를 얻으며
당신도 그러한 사람이 되어야 합니다.

행복한 결혼 생활을 위하여
부드럽고 겸손한 이를 구하십시오.
그리고 당신도 그러한 사람이 되십시오.
그리하여 그러한 기초 위에서
주님을 의지하고 주님의 감동 속에서
강인한 사람으로 자라 가십시오.
낮은 마음으로 서로 배려하며 주님을 추구하는 가정은
이 땅에 임하는 천국을 향유하게 될 것이며
아름답고 행복한 결혼 생활을
누릴 수 있게 될 것입니다.

74. 비난의 무익함

자녀가 잘못하는 것에 대하여 비난하는 부모는 많지만 격려하고 힘을 주는 부모는 많지 않습니다. 하지만 비난은 아무런 도움이 되지 않습니다. 많은 경우 사람들은 자기의 약점을 잘 알고 있지만 그것을 바꾸지 못하고 있기 때문입니다.

사역도 마찬가지입니다. 성도들이 잘못하는 것을 비난하는 것은 그들에게 별로 도움이 되지 않습니다.

절름발이를 꾸짖고 때린다고 해서 절름발이가 회복되는 것은 아닙니다. 병자에게 걸을 수 있는 능력과 생명을 공급할 때 비로소 그들은 걸을 수 있습니다. 그들에게 필요한 것은 힘과 생명의 충만함이지 꾸짖음과 비난이 아닙니다.

당신이 사람들을 볼 때에 매사에 많은 잘못된 것들이 보이고 그러한 잘못들에 대하여 자꾸 비난하고 싶다면 당신은 아직 결혼도 사역도 뒤로 미루는 것이 좋습니다. 당신은 그들을 도울 수 없으며 오히려 그들을 더 힘들게 할 것입니다.

비난하고 공격하는 사람은 바르게 자녀를 양육할 수 없으며 바르게 성도를 양육할 수 없습니다. 그것은 서로 간에 비극이 될 것입니다.

당신의 안에 긍휼히 여기는 시각이 충만할 때, 모든 것들이 사랑스러워 보일 때 아이를 기르십시오.

영혼을 양육하십시오.

비로소 당신은 천국을 확장할 수 있으며

당신은 연약한 이들이 힘을 얻고

풍성함과 행복 속으로 가까이 나아가게 만드는

도구가 될 수 있을 것입니다.

75. 질문들

혼자 있을 때
당신은 누구입니까?
아무런 외부의 자극이 없을 때
당신은 누구입니까?
당신이 마스크를 벗을 때
당신은 누구입니까?
억지로 미소를 지을 필요가 없을 때
당신은 누구입니까?
남의 눈치를 볼 필요가 없을 때
당신은 누구입니까?
혼자 있을 때
당신은 행복합니까?
주위가 고요해질 때
당신의 속의 영혼이 드러나게 될 때
당신은 행복합니까?
당신은 혼자를 견딜 수 있습니까?
당신은 고요함을 견딜 수 있습니까?

아니면 견디지 못해서
어디론가 나가야 하거나
무슨 일을 꾸며야 합니까?

전화로 메일로
당신을 찾는 이가 없을 때
당신은 고독해집니까?
우울해집니까?
티브이에게로 도망가지 말고
전화로 도망가지 말고
그저 가만히
그저 조용히 있을 수 있습니까?

혼자 있을 때
고요히 있을 때
감추어진 우리의 모습
우리의 영혼이
밖으로 드러납니다.
도피하지 마십시오.
그 모습 그대로
주님께로 나아가십시오.

바깥으로 가지 마십시오.
당신이 드러나는 것을
두려워하지 마십시오.
당신의 모습과 직면하고
그것을 주님께 맡기십시오.
그분이 당신을
만지게 하십시오.
당신의 안에서
그분의 행복을 경험하십시오.

당신이 혼자 고요히 있을 때
주님은 당신께로 오십니다.
조용히 주님을 기다릴 때
주님은 당신을 만지십니다.
그 주님의 임재 속에서
당신은 회복되고 치유되며
아름답고 풍성하고 건강한 삶을
누릴 수 있게 될 것입니다.

76. 행복의 비결

주님을 기쁘게 하려고 하십시오.
그것은 행복해지는 비결입니다.
자신을 기쁘게 하려고 노력하십시오.
그것은 비참해지는 비결입니다.

77. 만족의 사람

만족의 사람은
어느 곳, 어떤 상황에서도
만족합니다.
불만의 사람은
어느 곳, 어떤 상황에서도
불만입니다.

만족은 영의 문제이며
결코 환경의 문제가 아닙니다.
우리의 영이 주님을 깊이 만날 때
우리는 모두 다
만족의 사람이 될 수 있습니다.
그 만족은 오직 주님이 주시는 것이며
가난이나 질병이나
환란이나 고통이나
죽음이 와도 사라지지 않는
영원하고 영광스러운 것입니다.

78. 자신을 살피기

중요한 것은
우리가 어떤 환경과 조건에 처하느냐가 아니고
우리가 어떤 사람이냐는 것입니다.
우리가 무엇을 생각하고
무엇을 즐거워하며
무엇을 싫어하고
무엇을 추구하느냐는 것입니다.

그것은 본질적인 문제입니다.
우리가 순간에 잃어버리는
외적인 행복만이 아닌
진정한 행복을 원한다면
우리는
우리 자신이 어떤 사람인지
깊이 살펴보아야 합니다.

79. 바깥 사람, 안 사람

어떤 이들은 항상 바깥에 대하여 이야기합니다.
항상 환경에 대하여 이야기합니다.
항상 결혼에 대하여 가족에 대하여
자녀의 대학 입시에 대하여
직장문제에 대하여 이야기합니다.
그들의 중심은 바깥입니다.
어떤 이들은 항상 보이지 않는 것을 이야기합니다.
사랑에 대하여 기쁨에 대하여 진리에 대하여
영혼의 상태에 대하여 이야기합니다.
그들은 안의 사람들입니다.

앞의 사람들은 뒤의 사람들이
구름에 뜬 것 같이 허황되게 보입니다.
그러나 영혼의 문제는
사람의 기본에 해당되는 것이며
그것이 먼저 해결되어야
바깥의 삶도 잘 영위될 수 있는 것입니다.

80. 내주하시는 주님을 의식하기

우리는 항상 우리 안에
내주하시는 주님을 모시고 있습니다.
우리가 느끼든 느끼지 않든
그 사실은 바뀌지 않습니다.
우리가 내주하시는 주님에 대하여
예민하게 반응하면
우리는 행복한 삶을 살게 됩니다.
우리는 항상 내주하시는 주님께
우리 마음의 중심을 두어야 합니다.
우리가 기분이 좋은지, 나쁜지 보다
우리 안에 계시는 주님의 마음이 어떤지를
살펴야 합니다.

주님은 기계가 아니고 인격이십니다.
어떤 때는 별 것 아닌 것 같은 일에
깊이 상처를 받으십니다.
어떤 때는 우리가 너무 죄송하고 미안한데

별로 아파하시지 않는 것 같습니다.
그러므로 우리는 날마다
내주하시는 그 분의 반응을 조심하고
느끼며 또 조심해야 합니다.
그분을 거스르지 않도록
그분을 상하게 하지 않도록
조심하며 따라가야 합니다.
그분이 슬퍼하면 우리도 슬퍼하고
그분이 울면 우리도 울며
그분이 즐거워하면 우리도 즐거워해야 합니다.
우리 안에 거하시는
내주하시는 그리스도
우리 마음이 아닌
주님의 마음으로 사는 것
우리 감정이 아닌
주님의 감정으로 사는 것
그것은 우리의 삶을
진정한 자유와 행복으로
이끌어주는 것입니다.

81. 겸손한 감사

어떤 이들은 항상 자기 자랑을 하지만
주위에서는 그를 욕합니다.
어떤 이들은 항상 자기를 꾸짖지만
주위에서는 그를 칭찬합니다.
전자보다야 후자가 낫겠지만
자기를 자랑하는 것도
자기를 업수이여기는 것도
별로 좋은 것은 아닙니다.

주님은 언제나 우리를 사랑하시며
우리는 그것으로 충분한 것입니다.
그러므로 우리는
겸손한 자세로
자신에 대한 주님의 사랑과 은혜를
받아들이고 기뻐하는 것이 좋으며
그것으로 충분히
행복해지게 되는 것입니다.

82. 주님을 가까이 아는 행복

나는 어느 목사님이 이렇게 말하는 것을 들었습니다.
"강단에 서면 많은 성도님들이 환호합니다. 그들은 나의 설교를 몹시 기뻐하며 조금이라도 더 설교를 듣고 싶어합니다. 그러나 강단에서 내려오면 나는 그 환호를 잊어버립니다.
나는 주님 앞에 엎드립니다. 주님은 내게 말씀하시고 나는 주님과 교제를 나눕니다. 그것은 설교하는 것보다 사람들의 환호를 받는 것보다 나에게 더 큰 기쁨입니다."

그것은 아름다운 고백입니다.
사역자는 사람들의 환호와 존경보다 주님의 마음을 얻는 것에 더 집중해야 합니다.
그렇게 할 때에 주님은 가까이 오십니다.
그리고 주님을 가까이 아는 것보다 복된 것은 이 세상에 없습니다.

83. 주를 모르는 사람 1

어떤 이들은 성가대에서 찬양을 하면서 좀 더 자기의 소리가 튀어나오게 하기 위하여 소리를 높입니다.
그들은 주님을 잘 모르는 것입니다. 그들은 주님을 드러내기보다는 자신을 드러내기 위하여 애를 쓰고 있기 때문입니다.
주님을 잘 모르는 것은 비극적인 일입니다. 사람들이 그들을 아무리 알아준다 해도 주님을 잘 모르고 있다면 그것은 여전히 비극적인 일인 것입니다.

84. 주를 모르는 사람 2

많은 이들이 그렇게 구합니다. '오, 주님.. 이 기도에 응답하지 않으시려면 차라리 저를 데려가 주십시오.'
그들을 아직 주님이 어떤 분인지 잘 모릅니다.
그들은 주님보다 기도 응답에 집중하고 있지만 그러나 주님은 응답보다 귀한 분이십니다.

85. 주를 귀하게 모심

많은 이들이 주님을
가벼이 알며 함부로 대합니다.
귀하게 모시지 않습니다.
그러나 주님은
너무나 귀한 분이십니다.
주님을 귀하게 모실 때
그분의 임재는
우리 안에서 선명해집니다.

86. 천국의 삶

주님께 대한 사랑의 마음은
웅변으로 나타나는 것이 아닙니다.
한마디 말에도
숨결에도 호흡에도
그 어떤 태도에도
주님을 사랑하는 것은
나타나게 되어 있습니다.

우리의 모든 세포에
주를 사랑하는 마음이 배어질 때
우리의 삶은
문자 그대로 천국이며
영광이며 기쁨이며
끝이 없는 복락입니다.

87. 뒤에서도 축복하기

당사자가 없는 곳이라고 해도 그를 비난하지 마십시오.
그것을 주님이 들으시고 하늘이 듣고 땅이 들으며
자신의 영이 듣고 상대방의 영이 듣습니다.
우리 안에 계신 주님이 기뻐하지 않으시며
우리 안에 계신 주의 영과 연합된 우리의 영도
같이 답답하고 어두워집니다.

사람이 옆에 있든지 없든지
항상 사랑과 존경으로 대해주십시오.
그가 누구이든 반드시
우리가 가지고 있지 않은 것을
가지고 있을 것입니다.
주님을 사랑하고 영혼을 사랑하며
아무도 없는 곳에서 사람들을 축복하는 것
그것은 우리의 영혼을
아름답고 풍성하게 할 것입니다.

88. 부드럽게 거절하기

상대방의 제안을 거절하는 것과
상대방의 인격을 거절하는 것은 다릅니다.
사람들이 상처를 받는 것은
그들의 제안이 거절되어서가 아니라
그들의 인격이 거절되었기 때문입니다.
우리는 상대방의 의견을 거절해야 할 때
부드럽게 거절할 수 있어야 합니다.
화를 내고 상대방을 무안하게 하면서
거절해서는 안 됩니다.

미숙한 영혼들은 항상 그들의 의견을 강요합니다.
이들은 부드러운 거절에도 포기하지 않으며
화를 내기까지 하며 집요하게 요구합니다.
할 수 있는 한 그들에게서 조금 떨어지십시오.
강요를 받아들이는 것은 사랑이 아닙니다.
그러한 이들은 영혼이 좀 더 성장해야
바른 교제를 나눌 수 있습니다.

만약 그들과 떨어질 수 있는 상황이 아니면
당신이 그와 같이 행동한 적이 있는지를 돌아보며
그 상황에서 배워야 할 것을 주님께 묻고
메시지를 받으십시오.

부드러운 거절을 배우십시오.
다른 의견을 가진 이들의 인격을 거절하지 말며
그들과 편안한 관계가 되도록 노력하십시오.
그것은 우리의 인간 관계가
한층 더 아름답고 풍성한 것이 되게 할 것입니다.

89. 조심스럽게 공급하기

사람들에게 너무 많이 먹이려고 하지 마십시오.
대부분의 사람들은 진리에 대하여 별로 관심이 없으며
자신이 옳다고 생각하며 별로 배우고 싶어 하지 않으며
그저 자신을 좋아해 주는 지에 대하여만 알고 싶어 합니다.
그들은 우리가 그들의 편인지 아닌지에 대하여만 궁금해합니다. 우리가 그들을 기분 좋게 하는 사람인지 아니면 불쾌하게 하는 사람인지 이에 대하여만 알고 싶어 합니다.

그들의 상태에 대하여 판단하지 말고
그저 원하는 것만을 주십시오.
원하지 않는 것을 주지 마십시오.
묻지 않는 자들, 구하지 않는 이들,
준비되지 않은 자들에게
진리를 주지 않는다면
우리는 많은 고난을 겪지 않아도 될 것입니다.

90. 주님의 음성 듣기

주님의 음성을 기다리는 자에게
주님은 그 음성을 들려주십니다.
주님의 음성을 기다리지 않는 자에게
주님은 말씀하지 않으십니다.

주님의 음성을 듣는 것은
당신에게 달려있습니다.
왜냐하면 주님은
그분의 모든 백성들에게 가까이 임하셔서
사랑한다고 말하는 것을 기뻐하시며
그들의 삶을 가르치며 돕기 원하시기 때문입니다.
그러므로 듣기를 원하고 갈망하는 한
당신은 주님의 음성을 듣게 될 것입니다.

91. 충분한 사랑

영적으로 보이는 사람을
부러워하지 마십시오.
특별히 주님께서 누군가를 편애하신다고
생각하지 마십시오.
당신은 주님을 사랑하십니까?
그렇다면 주님은 당신의 사랑을 기억하십니다.
당신이 주님을 알아가기 원하며
그분의 도구가 되기를 진정 원한다면
주님은 당신을 결코 버리지 않으십니다.
그리고 그분의 방법으로
당신에게 임하시며
당신의 소망을 충족시키실 것입니다.
당신이 주님을 사랑한다면
그것으로 모든 것은 충분합니다.

92. 단순함의 행복

자신의 사랑이 순수한 것인지
너무 분석하지 마십시오.
자신의 믿음의 동기가 진정 바른 것인지
너무 들여다보지 마십시오.
그런 식으로는 아무도
자기 정죄감에서 벗어날 수 없습니다.
그러한 분석은 사람을 비참하게만 할 뿐
자유롭고 행복하게 하는 것이 아닙니다.
우리는 성장한 만큼
주님이 임하시는 만큼만
순수하고 아름다워질 수 있습니다.

그저 단순히 사랑하려고 하십시오.
그저 단순히 감사하십시오.
하나님은 사랑이시고
우리는 아름다운 존재이며
인생은 즐거운 학교입니다.

당신은 부족한 사람이지만
그래도 행복하게 살 수 있습니다.
자신을 너무 분석하지 말고
그저 감사하십시오.
어린아이처럼 단순하게
주님을 사랑하고 의지하십시오.
그것이 아주 쉽게
천국을 누리며 사는 길인 것입니다.

93. 내부의 지도자

어떤 이들은 영적이라고 여겨지는 이들을 따라다닙니다. 그리고 그들에게 가서 머리를 조아리며 그들에게 자신의 상태를 진단 받고 조언을 받습니다.
그렇게 하고 있는 많은 사람들이 격려를 받기 보다 지적 받고 터지며 때로운 인격적인 모욕을 당하면서도 여전히 그러한 이들을 쫓아다닙니다. 그것은 일종의 자기 학대와 같은 것입니다.
그들은 자신의 믿음에 대하여 자신을 가지지 못합니다. 그래서 남들의 평가와 인정을 통해서, 특별히 영적이라는 이들의 인정을 통해서 안심을 하곤 합니다.

하지만 기억하십시오.
주님은 당신을 용납하셨습니다.
주님은 당신을 이미 용서하셨습니다.
주님이 당신을 용서하셨고
당신을 충분히 인정하시고 사랑하시는데
왜 사람들에게 당하고 터져야 합니까?

주님은 특별한 이유가 있지 않는 한
다른 사람의 영적인 상태를 보여주시지 않습니다.
그리고 다른 사람의 영적인 상태를
함부로 말하는 것도 기뻐하시지 않습니다.
그들의 목양을 맡은 사역자들도
사람의 상태에 대하여 함부로 말할 수 없으며
인격적으로 무시할 수 없습니다.
그저 주님의 사랑을 공급하는
작은 통로가 될 뿐입니다.

부디 자신의 믿음에 대하여 자신감을 가지십시오.
다른 사람의 하나님을 믿지 말고
나의 하나님을 믿으십시오.
그분은 사랑이시며 친절하신 분입니다.
바깥에 있는 모든 이들을
지도자로 여기며 지나치게 추종하지 말고
그들의 말을 맹신하지 말고 단순히 참고로 삼으십시오.

진정한 지도자는 당신 안에 거하십니다.
당신이 지치고 힘들어 할 때

말할 수 없는 탄식으로 기도하시며
중보하시는 그분
그분은 당신 안에 거하시는 주님이십니다.
당신이 날마다 사람을 의지하지 않고
내주하시는 그분을 의지한다면
그분은 반드시 당신에게 말씀하시고 인도하시며
그 길을 선명하게 보여주실 것입니다.
오직 내주하시는 그분만이
당신의 진정한 지도자이시며
당신을 진리의 길로 인도하시는 분이신 것입니다.

94. 주를 부르기

외로울 때 주를 부르십시오.
슬플 때 주를 부르십시오.
인생살이가 지치고 피곤할 때
옆에 계신 주를 부르십시오.
더 이상 혼자이고 싶지 않을 때
혼자라는 사실이 너무도 무겁게 느껴질 때
곁에 계신 주를 부르십시오.
주님이 말씀하시기 시작하십니다.
"얘.. 내가 여기 옆에 있단다..
왜 그렇게 두려워하니? 염려하니?
걱정하지 마라.. 내가 도와줄 께..
외로워하지 말아라..
내가 너를 보고있단다.."

그리고 나면 당신 안에서
놀라운 일이 생기기 시작합니다.
당신은 더 이상 힘들지 않게 됩니다.

외로움, 피곤, 지침, 낙심..
그것은 주님이 말씀을 시작하시는 순간입니다.
그러므로 그것들은 아름답습니다.
어떠한 어려움이 있을지라도
주님이 말씀하실 때
모든 것은 아름답게 새롭게
변화되는 것입니다.

95. 놀라운 복음

언젠가 예배를 마친 후 기도 사역을 하고 있었는데 처음 보는 자매가 기도를 받으려고 서 있었습니다.
나는 그녀에게 손을 대고 기도하다가 예언이 나오는 대로 말했습니다.
"내 딸아. 내가 너를 사랑한다. 네 주변에 많은 사람들이 있지만 너는 항상 나는 혼자라고 느꼈다. 많은 이들이 있지만 너는 항상 외롭다고 느꼈다.
그러나 내 딸아. 지금 내가 네 옆에 있다. 내가 지금 너를 채울 것이다."
그녀는 갑자기 그 자리에서 쓰러지듯이 주저앉았습니다. 그러더니 바닥을 뒹굴면서 울기 시작했습니다.
그렇습니다. 주님이 우리에게 임하실 때
우리는 더 이상 혼자가 아닙니다.
우리는 더 이상 외롭지 않습니다.
주님이 우리와 언제나 같이 게신다는 것
그것만큼 놀라운 사실은
이 세상에 다시 없을 것입니다.

96. 주님은 사랑

주님이 우리와 항상 같이 계시다는 것
그것은 진정 복음입니다.
그러나 더 놀라운 것은
우리를 보시는 그분의 시각입니다.
그분은 항상 우리 곁에 계실 뿐만 아니라
우리를 사랑스러운 시선으로 보시고 있는 것입니다.
함께 있다는 그 자체가 행복한 것은 아닙니다.
괴롭히는 사람이 같이 있다면
그것이 무슨 행복이 되겠습니까?
스토커는 항상 따라다니지만
오직 고통이 되기만 할 뿐 입니다.
그러나 주님은 우리와 함께 거하시면서
따뜻하고 사랑스러운 눈으로
우리를 지켜보고 계십니다.

나는 죄를 짓고 넘어지고 실족할 때마다
주님의 모습을 다시 바라보았습니다.

나는 그분이 화를 내실 거라고 생각했습니다.
그러나 그분은 분노하지 않으시고
그저 안타까운 눈으로 보고 계시는 것을
나는 발견하곤 했습니다.
그저 사랑이 가득 담긴 안타까운 눈으로
"너는 혼자서는 아무 것도 못한다는 것을 모르니?
내게 도움을 요청하면 도와줄 텐데.."
하시는 것을 나는 느낄 수 있었습니다.

주님은 사랑이십니다.
그분이 가까이 계신다는 것도 복음이지만
그분이 사랑이시라는 것
그가 우리를 혼내지 않고 불쌍히 여기신다는 것
그것은 너무나 감사하고 힘이 되며
위로가 되는 사실인 것입니다.

97. 우리의 상황을 보고 계시는 주님

언젠가 어느 교회에서 집회를 인도하다가 나는 어떤 엎드려있는 집사님에게 기도를 해주었습니다.
잠시 몇 마디를 했는데 그녀가 엎드린 자리는 곧 눈물의 홍수가 되었습니다.
담임목사님이 내게 와서 물었습니다.
"그녀에게 무슨 기도를 해주어서 저렇게 웁니까?"
나는 대답합니다.
"기억이 안 나는 데요..
그냥 나오는 대로 말했어요.."
그는 다시 묻습니다.
"그래도 기억을 몇 가지만 살려보시죠."
나는 대답합니다.
"음.. 주님이 말씀하십니다.
 '너는 아무도 없다라고 생각하지만
 내가 바로 너의 남편이다.' 라고 한 것 같아요."
목사님이 설명합니다.
"아, 그녀는 과부입니다. 그리고 또요?"

나는 대답합니다.
"음.. '네가 머리를 붙잡고 고통하고 신음하고 있었을 때에 내가 옆에서 보고있었다..' 라고 말한 것 같습니다."
목사님이 대답합니다.
"아, 저분이 얼마 전에 머리를 수술했습니다.
저렇게 우는 게 당연하군요.."

주님은 우리의 모든 사정과 형편을 아십니다.
그리고 우리의 모든 고통을 살피십니다.
우리가 절망 속에서 혼자 있다고 생각할 때도
주님은 바로 옆에 계십니다.
그러므로 이 험한 광야의 길을 걸을 때에도
사랑의 그분이 아시고 보시고 동행하시기 때문에
우리는 날마다 그분 안에서
위로와 힘을 얻게 되는 것입니다.

98. 음성과 순종

많은 이들이 주님의 음성을 듣고 싶어합니다.
그것은 어렵지 않습니다.
그러나 듣는 것보다 더 중요한 것은
순종입니다.
모든 이가 주님의 음성을 들을 수 있지만
처음에 그것은 불확실하고 모호하게 느껴집니다.
그러나 순종을 하면 할수록
그 음성은 선명해지며
기쁨과 평안과 달콤함으로
가득해지는 것입니다.

99. 집회와 천국

나는 집회를 하는 것이
마치 애인을 만나는 것과 같으며
헤어졌던 가족을 만나는 것과 같으며
그들과 같이 천국의 동산에서 함께 거니는
그러한 것이라고 생각합니다.
함께 마음을 다하여
주님께 사랑과 감사의 마음을 표현하는 것
그리고 서로 사랑을 고백하고 서로 포옹하며
영광의 그 날 같이 만날 것을 기약하며
이 땅에 살면서 서로 사랑하고 격려하며 살 것을
같이 고백하는 것..
그것은 진정 천국입니다.
그것은 영광의 세계입니다.
부디 이 아름다운 천국의 세계가
우리의 모든 삶에서 확장되기를 소원합니다.
주님은 우리를 날마다 그렇게 다루시고 이끄시며
더 깊은 사랑의 세계로 인도하실 것입니다.

100. 모든 아름다움의 근원

주님께 속한 사람은
사람들에게서 인정을 받고
영광을 받는 것을 두려워합니다.
그들은 모든 아름다운 것들이
오직 주님에게서 나오며
그것을 시인할 때
힘과 지혜와 사랑이
임하는 것을 느끼게 됩니다.

그러나 그것을
자기의 것이라고 시인하는 그 순간
그들은 모든 힘과 지혜와 사랑을 잃어버리게 되며
아주 고통스럽고 무기력한 상태에 떨어지는 것을
경험하게 됩니다.
그러므로 그들은 사람들의 존경과 영광을 받을 때
온몸과 영혼이 마치 몽둥이로 얻어맞은 것 같이
아프고 고통스럽고

비참해지는 것을 실제로 경험하며
아주 불쾌한 느낌을 가지게 됩니다.
그러나 그들은 모든 이들이
주님을 바라보며 영광을 돌릴 때
온 몸과 영혼이 가벼이 나는 것처럼
상쾌해지며 기뻐지게 되는 것입니다.

악한 속이는 영이 사람 안에 들어올 때
그들은 사람의 인정과 존경을 기뻐하게 합니다.
그러나 그렇게 사람이 스스로 영광을 취할 때
그 마지막은 아주 비참하게 되고 맙니다.
모든 아름다움, 지혜, 사랑의 근원은
오직 주님이십니다.
우리가 이것을 계속 잊지 않고 시인한다면
그리하여 그분의 영광을 도둑질하지만 않는다면
우리는 한없이 그분의 지혜와 능력을 경험하게 되며
그분의 통로와 도구가 될 수 있는 것입니다.

101. 주님과 천국

천국의 사람들은
주님을 시인합니다.
지옥의 사람들은
자신을 시인합니다.
천국의 사람들은
오직 주님을 높입니다.
지옥의 사람들은
오직 자신을 높입니다.

주님을 그리워하고
주님을 높이며
주님을 사랑하고
주님을 의지하는 것은
천국의 모든 권능과 은총을
경험하는 원리입니다.
거기에는 근심이 없으며
두려움이 없으며

어두움이 없으며
후회가 없으며
찜찜함이 없습니다.
모든 것이 밝고 맑고
명료하며 상쾌합니다.
우리는 연약한 존재이지만
주님의 사랑과 은혜가 우리와 함께하시는 것을
믿고 시인하고 감사하게 될 때
사후에서만이 아니라
지금 살아있는 이 순간에도
언제나 천국에 거하게 됩니다.
왜냐하면 천국은 눈에 보이는 장소같이
여기 있다 저기 있다 하는 것이 아니며
천국은 우리 모두의 마음속에 있으며
주를 높이고 시인하며 바라보는 곳에는
항상 천국이 이루어지기 때문입니다.

102. 죄 사함의 고백

'나는 죄인이다!' 그것은 좋은 고백입니다.
하지만 그것을 오래 반복하여 고백하면
힘이 빠지고 눌릴 수도 있습니다.
진정 아름답고 행복한 고백은
'나는 용서받은 죄인이다!'
하는 것입니다.
생각하면 할수록 부족하고 한심하고 죄송스럽지만 그러한 나의 연약함이 주의 보혈로 인하여 용서되고 그 연약함에 주님의 사랑이 덧입혀짐을 생각할 때 나의 죄인됨을 고백하면서도 눌리지 않고 오히려 주님의 은혜를 기뻐하게 됩니다.
오늘도 나는 고백합니다.
'나는 죄인이다.
그러나 나는 용서받았다.
주님이 나를 위해서
고독과 눈물과 수치와 아픔과
모든 대가를 지불하셨다..'

라고 말입니다.
주님의 사랑과 희생을 생각할 때마다
죄송하고 가슴이 아프지만
그래도 감사하고 감사하고 감사합니다.
그러므로 나의 부족과 죄와 연약함을
끝없이 인내하시고 용서하시고
받아주신 그분을 위해서
사랑도, 눈물도, 그리고 목숨까지도
감사함으로 드리고 싶어지는 것입니다.

103. 반응의 변화

동일한 사람을 보면서도
동일한 상황에 접했으면서도
각자의 반응은 다 다릅니다.
어떤 이는 아주 좋아하며
어떤 이는 아주 싫어합니다.
어떤 이는 아주 기뻐하며
어떤 이는 아주 슬퍼합니다.
그처럼 같은 이에 대한 반응이 다르고
같은 상황에 대한 반응이 다른 것은
모든 사람들이
다른 사람들을 보면서
바깥의 상황을 보면서
사실은 자기 자신의 모습을 보고있기 때문입니다.
각자의 속에 숨겨진 사람의 모습이 모두 다르기에
각자는 다르게 반응하는 것입니다.
환경도 다른 사람들도
우리 자신의 속 사람을 보여주는 거울입니다.

우리의 감추어진 내면의 사람이
회복되고 치유되고 건강해질 때
좀 더 성장하고 주님께 속한 사람이 될 때
우리의 속은 바뀌게 됩니다.
그리하여 우리는 환경을 초월하여
모든 상황 속에서
모든 이들을 사랑하며
기쁠 때나 슬플 때나
외로울 때나 즐거울 때나
건강할 때나 아플 때나
모든 환경 속에서 감사하고 기뻐하며
사랑할 수 있게 될 것입니다.

104. 지혜가 일으키는 사랑

미움과 판단은 무지에서 나오는 것이며
참된 지혜는 사랑을 일으킵니다.
무지는 사람의 겉 행동만을 볼뿐이며
참된 지혜는 사람의 중심과 동기를 보는 것입니다.
그러므로 미워하는 자의 말은
그의 말이 아무리 옳아 보여도
참된 것을 알지 못하는 것입니다.
무지한 자는
사람의 겉만을 볼 수 있을 뿐이며
무례한 태도와 분노하는 모습과
비합리적인 행동만을 보지만
지혜로운 자는
그의 고독과 절망과 열등감과 여린 마음을 봅니다.
그러므로 판단하는 자나 미워하는 자는
무지한 자며
아직 진정한 지혜를 알지 못하는 것입니다.

모든 사람이 꾸짖고 가르치고 권면할 수 있으나
사랑의 사람은
많은 웅변이 없이도
사람의 내면을 이해하고 치유하며
온전한 사람으로 변화시켜 갑니다.
그러므로 참된 지혜는 사랑이며
모든 이들의 내적인 필요를 채워주는
진정하고 가치 있는 지식인 것입니다.

105. 불쌍히 여기는 사랑

우리가 어떤 이를 미워한다면
그것은 우리가 그 사람을 잘 모르기 때문입니다.
우리가 그 사람을 온전히 안다면
우리는 그를 결코 미워할 수 없을 것입니다.
주님은 우리를 온전히 아시므로
우리를 사랑하시고 불쌍히 여기십니다.
주님의 마음, 주님의 지혜가 우리에게 임할 때
우리는 진정 사랑하게 될 것입니다.

106. 우리 편이 되시는 주님

우리는 부족한 존재입니다.
그러므로 자신이 없고 위축될 때가 많습니다.
그러나 누군가가 그렇게 부족한 우리를
꾸짖지 않고 이해하고 받아주며
우리의 편이 되어준다면
우리는 너무 감사하고 고마와서
그의 앞에서는
어떤 말도 자신 있게 편안하게 할 수 있을 것입니다.

그분이 바로 주님이십니다.
우리는 부족하지만
주님은 우리의 편이 되십니다.
그분은 우리의 말에
문법이 틀리고 토씨가 틀려도
뭐라고 하지 않으십니다.
오히려 너는 최고의 시인이야! 하고 말씀하십니다.
그래서 그분 앞에서

우리는 시인이 되고
예술가가 됩니다.

우리를 이해하는 분이 있다는 것은
너무나 위안이 되는 사실입니다.
우리도 주님과 같이
다른 이들을 이해하는 사람이 된다면
우리는 이 땅에서 많은 사람을 자유롭게 하며
천국의 삶을 살 수 있을 것입니다.

107. 자신을 용서하기

자신을 용서하십시오.
자신을 미워하지 마십시오.
당신은 그리 나쁜 사람이 아닙니다.
주님이 만드신 자신을
함부로 정죄하지 마십시오.
조금 잘못했다고 해도
너무 엄하게 대하지 마십시오.
당신은 자신이 불쌍하지도 않습니까?
당신이 당신을 좋아하지 않는다면
당신은 아무도 사랑할 수가 없습니다.
주님이 당신을 좋아하시는 것처럼
당신도 당신을 좋아해 주십시오.
그럴 때 당신은 기쁨을 경험하게 되며
비로소 남들에게
사랑과 기쁨을 나누어 줄 수 있습니다.
왜냐하면 배고픈 사람은
남들에게 나누어줄 빵이 없기 때문입니다.

108. 밤의 길이

누구나 자신의 고난이 가장 크다고 생각합니다.
그리고 세상에는 팔자가 좋은 이들이 참 많다고 생각합니다. 그리고 그런 이들은 이런 내 마음을 알기나 할까 하고 생각합니다.
그러나 기억하십시오.
세상에 사는 누구나 영혼의 밤을 통과합니다.
누구나 자기의 십자가를 지고 삽니다.
당신이 참 편안한 팔자라고 생각하는 그 사람이 당신이 상상할 수 없었던 고통의 밤을 통과했을 수도 있습니다.

배타는 신드밧드 라는 이야기가 있습니다. 어느 날 아주 가난하게 사는 신드밧드라는 사람이 같은 동네에 사는 아주 부자인 신드밧드라는 사람의 집에서 열리는 파티에 참석합니다. 그리고 중얼거립니다.
'아, 세상에 이렇게 불공평할 수가 있나. 똑같은 이름의 사람이 이렇게 팔자가 다를 수가 있다니..

나는 천하의 가난뱅이이고 이 사람은 이렇게 엄청난 부자라니..'
그의 말을 들은 부자 신드밧드는 가난한 신드밧드에게 자신의 목숨을 건 모험을 이야기해줍니다.
수 없이 고통과 죽음의 순간을 겪었던 이야기들을 해줍니다. 그리고 자신의 현재의 편안함이 결코 팔자가 아닌 것을 이야기해줍니다.

많이 우는 사람이 가장 슬픈 사람도 아니며
환하게 밝게 웃는 사람이
마냥 행복한 것만도 아닙니다.
오직 주님만이
사람의 중심을 아십니다.
우리는 모두 자기에게 주어진 십자가를 지고 자기의 길을 갑니다.
우리가 만일 감사하며 순종하며 묵묵히 길을 걸어갈 수 있다면 우리에게 그 밤의 길이, 훈련의 길이는 좀 더 짧아질 수 있을 것입니다.

109. 놀라운 사랑

어떤 자매님이 있었습니다.
이 자매님이 주님의 놀라운 사랑을 깨달았습니다.
그리고는 너무 감격해서 만나는 사람에게 마다 말했습니다.
"나는 주님 없이 살 수 없어요."라고요.
모든 사람들에게
만날 때마다 그 이야기를 했기 때문에
그 자매의 별명은
[주님없이 살 수 없는 자매가 되었습니다.
어느날 이 자매가 목사님을 찾아왔습니다.
그리고 말했습니다.
"목사님. 할 말이 있어요."
목사님이 대답했습니다.
"아.. 알아요. 또 나는 주님 없이 살 수 없어요. 라고 말하려는 거죠?"
자매님이 대답했습니다.
"아닙니다. 오늘은 다른 것을 깨달았어요."

목사님은 놀라서 물었습니다.
"그래요? 또 뭘 깨달았지요?"
자매님은 자랑스럽게 대답했습니다.
"주님도 저 없이는 살 수 없다는 사실을 깨달았어요."

이것이 진실인 것을 아십니까?
당신도 주님 없이는 살 수 없지만
주님도 당신이 없이는
도저히 사실 수 없다는 사실을 말입니다.
당신에 대한 그리움 때문에
당신에 대한 기다림 때문에
주님도 당신 없이는 견딜 수 없다는 사실을 말입니다.

110. 동일한 고통

비판하는 이들은
자기가 심은 그것이
한 치의 오차도 없이
자신에게 임한다는 사실을
꼭 기억해야 합니다.
자기가 어떤 이의 가슴을 찔렀다면
그들은 반드시
상대가 자기로 인하여 당한 고통을
자신이 돌려받게 되며
자신도 똑같이
가슴이 찢어지게 되는 경험을 하게 됩니다.
그러므로 고통을 겪을 때에
자신이 그러한 것을 심은 적은 없는지
다시 한번 돌이켜 보십시오.
없다면 주님의 보혈이 자신을 지켜주시기를 기도하며
있다면 그것을 고백함으로
악한 기운에서 벗어날 수 있습니다.

많은 이들이 남에게 공격을 받을 때
아주 고통스러워하지만
자신은 남들을 아주 쉽게 남을 공격합니다.
그러므로 성숙하고 영적으로 자라갈수록
우리는 결코 비판과 공격의
도구가 되기를 원치 않으며
오직 사랑하고 축복하고 위로하며
다른 이들의 죄악을 중보하고 감당하며
사람들을 세워주는 사람으로
쓰여지기를 원하게 되는 것입니다.

111. 전체적으로 보기

어떤 한가지 일 한 가지 사건에서
불합리한 일을 겪으면
우리는 억울하다고 생각합니다.
그 한 가지 일만을 놓고 생각하면
그것은 불합리할지도 모릅니다.
그러나 모든 일들은 서로 연결되어 있습니다.
어떠한 사건이든 그것은 단순히
그 하나의 사건에서 끝나는 것이 아닙니다.
그 사건 이전에
많은 씨의 뿌림이 있고
연결된 근원들이 있습니다.
그러므로 하나의 사건을 보면
불합리해 보이지만
그 모든 모자이크가 연결되고 모아질 때
그 원인과 결과와
메시지는 분명해지는 것입니다.

우리는 많은 것들을
알지 못하며
이해하지 못합니다.
그러나 하늘에 계신 아버지는
모든 것을 아시며
공평정대하신 분입니다.
우리에게 필요한 것은
오직 주님께 대한 겸손과 신뢰입니다.
지금은 이해할 수 없는 일도
언젠가는 주님의 모든 뜻이 이루어지고
우리는 모든 일들의 종말을 보게 될 것입니다.
그분이 모든 것을 보시고
주관하고 계시므로
우리는 오늘도
묵묵히 그분을 바라보면서
눈앞의 작은 일로 원망하지 말고
사랑과 감사의 길을 걸어가야 할 것입니다.

112. 사랑의 대화

어젯밤 그리고 오늘 아침 오랜만에 여러 독자들에게
전화를 드리고 통화를 하였습니다.
모두를 하나같이 얼마나 기뻐하는지
마냥 행복함을 고백하며
웃음꽃이 그치지 않았습니다.
내가 그들을 사랑하고 그들도 다 나를 좋아하므로
무슨 이야기든지 기쁨으로 받고
위로와 힘을 얻었습니다.

사랑의 대화란 그것입니다.
격려하고 사랑을 고백하며
위로하고 힘을 주며
그러므로 서로 같이
행복해지는 것입니다.
우리가 사랑의 대화에 좀 더 익숙해진다면
우리는 이 짧은 삶을 진정 행복으로
천국처럼 살 수 있게 될 것입니다.

113. 최상의 행복

전화 대화 중에 어떤 집사님이 말했습니다.
30대 중반의 어느 우울증으로 고생하는 자매가 얼마 전의 집회에 참석했습니다.
그리고 집회가 끝난 후 말하기를 세상에서 태어난 이후에 가장 기쁘고 행복했었다고 이야기하더라고 하셨습니다.
그 말을 듣고 기쁨으로 가슴이 벅찼습니다.
있는 힘을 다하여 찬양을 드리고 주님을 높이고 마귀를 부수어 버릴 때 우리는 가장 행복하고 자유로와지기 때문입니다.
우리 모두에게 앞으로의 나날들이 더욱 더 영광스럽고 행복하게 되기를 기대하고 소망합니다.
그 비결은 간단합니다.
더욱 더 주님을 사랑하고 우리 자신을 그분에게 던져버리는 것입니다.
그것이 최상의 행복이며 계속 그렇게 할 때 우리의 그 행복은 점점 더 커져만 갈 것입니다.

114. 남편의 행복

아내를 사랑하는 것., 일상의 사소한 모든 일에서 최선을 다해서 섬기고 잘 대해주는 것..
그것은 행복한 남편이 되는 지름길입니다.
그 친절함은 고스란히 자신에게 돌아옵니다.
아내를 무시하고 억압하는 것은
정말 바보 같은 일입니다.
그것은 아내도 불행하지만
남편도 결코 행복해질 수 없습니다.

사단은 부부들에게 주도권을 잡고 지지 말라고
항상 속이고 있지만
서로 섬기라는 주님의 말씀을 순종하는 이들은
항상 어디서나
천국의 가정을 누립니다.
서로 낮은 자세로 섬기고
상대의 기쁨을 돕는 자가 되는 것
그것은 어디서나 천국의 비결입니다.

115. 웃음, 복음, 그리고 행복

동네 여기저기를 다니는데 만나는 사람들마다 웃습니다. 문구점 아줌마도 나만 보면 웃고 조그만 구멍가게 아줌마도 나만 보면 웃습니다.
문구점 아주머니는 따님이 대학입시 준비 중인 것을 알고 그 전날에 합격 기원 떡을 선물한 적이 있는데 그 후부터는 얼굴만 마주쳐도 웃습니다.

슈퍼 아주머니는 처음에 인상이 조금 무서웠고 말을 붙이면 이상하게 생각하고 자꾸 따져서 힘들었는데 나중에는 볼 때마다 웃습니다.
그러고 보니 이 분도 아들이 대학 입학 시험을 칠 때 시험 전날 떡을 주며 기도를 해 주었었습니다.
아주머니는 신앙이 뭔지도 모르는데 기도해준다니까 좋아서 고개를 숙이고 손을 크게 합장을 하고 손바닥을 비비던 생각이 납니다.
웃음이 나왔지만 상대방이 진지하니 나도 진지하게 기도했지요.

조금 큰 슈퍼에서 물건을 사는데 아가씨가 나를 보고
또 활짝 웃습니다.
머리에 염색을 한 색깔이 저번 색깔보다 훨씬 더 멋지
게 보인다는 이야기를 했었는데, 그 후에는 나를 볼 때
마다 웃습니다.
가까이서 보게 되는 사람들 마주치게 되는 대부분의 사
람들이 친절하고 따뜻하게 대해주니 참 세상이 즐겁고
행복하게 느껴집니다.

웃음, 미소..
친절과 사랑..
그것은 우리의 삶을
참으로 풍요하게 만듭니다.
복음을 주는 것은 쉽지 않고
복음을 받아들이는 것도 쉽지 않지만
사람들은 친절한 태도와 미소와 웃음을
잘 받아들입니다. 그리고 마음을 엽니다.
그리고 그렇게 열린 마음은
복음이 들어갈 수 있는 좋은 토양입니다.

미소를 훈련하십시오.

유머를 훈련하십시오.
사람들을 기쁘게 하기 위하여
칭찬과 격려의 말을 훈련하십시오.
그것은 우리의 삶을 풍요롭게 하며
주위의 사람들을 행복하게 해 줍니다.

우리의 삶에 웃음과 즐거움이 가득하기를,
이웃과의 만남이 행복과 따뜻함의 관계가 되기를,
그리하여 복음이 심겨지고 사랑이 심겨지기를
간절히 기대합니다.
웃음과 복음.. 그것은 정말 환상의 조화이며
천국과 행복을 확산시키는
아름답고 귀한 도구인 것입니다.

116. 사랑의 깨뜨림

사람들은 자아가 깨지기 위해서
아픈 말을 많이 들어야 한다고 생각합니다.
그래서 남을 치는 분들도
긍지를 가지고 열심히 때리며
맞는 분들도
이를 악물고 참으면서
깨지려면 이 정도는
감수해야 된다고 생각합니다.

그러나 과연 그럴까요?
눈물이 날 만큼 야단맞고 혼이 나면
우리는 자아가 깨질까요?
온갖 모욕을 당하고
가슴이 찢기는 이야기를 들으면
우리는 성화되고 성숙될까요?
그것은 그렇지 않습니다.
우리는 우리가 못 된 것을

잘 알고 있습니다.
하지만 알면서도 잘 안 됩니다.
성질이 못된 사람이
자기 성질 못된 것을 모를까요?
우유부단한 사람이
자기 마음 약한 것을 모를까요?
상처 잘 받는 사람이
자기 속이 약하고 좁은 것을 모를 까요?
아닙니다. 대부분 자신의 모습을 잘 알고 있습니다.
자신의 한심스러움을 잘 압니다.
하지만 스스로를 변화시킬 힘이 없고 영이 어려서
하지 못하는 것입니다.

그러니 못하는 사람을
때리고 혼을 낸다고 해서
잘 할 수 있는 것은 아닙니다.
다리를 절뚝거리는 것이 보기 싫다고
때린다고 해서
잘 걸을 수 있는 것이 아닙니다.

진정 사람을 깨뜨리는 것은
사랑의 메시지입니다.
사랑 받을 자격이 없고
온통 허물뿐이고
도무지 한심스러운 구석밖에 없는 우리를
그분이 사랑한다고 말씀하실 때
우리는 기가 막혀서 거꾸러지고
그리고 깨지는 것입니다.
그분의 사랑과 용서가
우리를 어둠에서 구원하고
빛으로 나아오게 하는 것입니다.

나는 사람들에게 스스로 자학하지 말고
주님을 바라보라고 이야기하곤 했습니다.
그저 단순히 주님이 우리를 사랑하시며
그 사랑을 신뢰하라고 말하곤 했습니다.
그리고 그 단순한 메시지에
사람들이 깨지고 뒹굴고
울면서 회개하고
주님 앞으로 나아가는 것을 보았습니다.
그리고 사람들을 사랑하고

주위의 사람들에게 친절하게 대하게 되는 것을 보았습
니다.
가족들과의 불편한 관계가 사라지고
그들을 사랑하고 축복하는 것이 쉬워지고
그들이 아름답게 보이게 되었다는 이야기를
많이 들었습니다.

그저 단순히 주님은 우리를 사랑하십니다.
그분은 우리를 용서하셨습니다.
그러므로 우리는 아름다운 존재입니다.
그렇게 전할 때 사람들은 변화되었습니다.
그것은 그들이 사랑의 메시지에
너무나 굶주렸기 때문입니다.

기억하십시오.
우리를 깨뜨리는 것은
위협이나 억압이 아니라
주님의 사랑입니다.
주님의 용서입니다.
그분의 눈물입니다.
그분의 피입니다.

아마도 우리는
앞으로도 수천 번 수만 번
주님을 아프게 하겠지요.
그러나 주님은
우리를 용서하십니다.
그리고 말씀하십니다.
'네 죄의 크기만큼
네 연약함의 무게만큼
내가 너를 사랑하리라.
왜냐하면
너는 나 없이는 살 수 없기 때문이다.'

그 눈물의 사랑 속에서
그 용서와 은혜 속에서
우리는 깨어지며
주님 앞으로 나아가게 됩니다.
많이 넘어지고
많이 용서받으면서
그렇게 우리는
주님의 사람이
되어 가는 것입니다.

117. 보혈의 사랑

나는 항상 주눅이 들어 있었습니다.
어디에 가든지
항상 혼이 나고 야단을 맞을 것 같았습니다.
사실 야단도 많이 맞았습니다.
야단은 많이 맞았지만
칭찬은 거의 들어본 적이 없는 것 같았습니다.
나는 참 자신이 없었고
내가 무슨 이야기를 하면
과연 제대로 맞게 하고 있는 것인지
항상 의심스러웠습니다.
상대방이 고개를 끄덕이면
나는 그제서야 안심을 했습니다.

그러다가 나는 주님을 알게 되었습니다.
나는 당연히 습관대로
주님께서 나를 야단치시기를 기다렸습니다.
그런데 이상하게도

주님은 나를 야단치시지 않고
기도 죽이지 않고
그저 사랑하시고 사랑하시고 또 사랑하셨습니다.
나는 정말 이상하고 이상하고 또 이상했습니다.
나는 아무 데도 사랑 받을 구석이 없었고
내가 제대로 하는 것이 없었기에
더욱 이상했습니다.

중학교 3학년 때
아버지가 내게 심부름을 시켰습니다.
연탄 공장 옆에 어떤 집에 갔다오라고 시켰습니다.
나는 아버지께 연탄 공장이 어디 있느냐고 물었습니다.
아버지는 나에게 연탄공장이 어디 있는지 정말 모르냐고 물었습니다.
나는 모른다고 대답했습니다.
아버지는 나를 뚫어지게 쳐다보며 말했습니다.
너 바보 아니가?
나중에 나는 그 연탄 공장이 우리 집에서 5 미터쯤 떨어진 곳에 있는 것을 알게 되었습니다.
그리고 우리는 그 집에 산지 약 2년쯤이 되었었습니다.

그것이 내 모습이었습니다.
나는 아무리 기다려도
주님이 나를 혼내시지 않아서 참 의아했습니다.
기쁘기는 했지만 그래도 조금 이상했습니다.
어느 날 나는 그 이유를 알게 되었습니다.

어느 날 나는 기도하다가 주님의 환상을 보았습니다.
십자가에 달리신 그 모습 얼굴을 보았습니다.
이마에 흐르는 피 정도가 아니라
그 얼굴 전체가 피로 범벅이 되어있었습니다.
고통으로 일그러진 그의 모습을 보았습니다.
그 발 앞에 엎드려져서
나는 한없이 울고 울고 또 울었습니다.
그리고 나는 알게 되었습니다.
그가 왜 나를 야단치시지 않고
혼을 내시지 않고
그저 사랑하시고 불쌍히 여겨주시는지
그것은 그분이
나의 모든 죄에 대하여
대가를 지불하셨기 때문이었습니다.

나는 이제 더 이상 의아하게 여기지 않습니다.
내가 약하고 바보 같고 못되고 악하고
여전히 한심스럽지만
그분이 사랑하시는 것을 압니다.
그의 피가 내 맘속에 있기에
그의 고통이 내 뇌리에 선명하기에
이제 나는 그의 사랑과 은혜를 믿습니다.
그리고 그가 나를 야단치지 않고 사랑하신 것처럼
나도 사람들을 혼내지 않고
위로하고 축복하며 싸매어 줄 것입니다.

오늘도 나는 그분의 피를 의지하고 삽니다.
영원히 잊을 수 없는 주님의 보혈
그 보혈이
그분의 사랑과
그분의 고통과
그분의 용서와
그분의 눈물의
모든 것을 다 보여주기에
오늘도 나는 그분의 피를 붙들고
날마다의 여행길을 걸어가고 있는 것입니다.

도서구입신청

도서 구입을 원하시는 분들을 위한 안내입니다.

1. 도서 목록 확인

페이지를 넘기시면 정원 목사님의 도서 전권이 안내되어있습니다.
도서 목록을 참조하셔서 필요로 하시는 책을 선택하십시오.
각 도서의 자세한 목차와 내용을 원하시면 정원목사 독자 모임 카페의 [저자 및 저서소개] 코너를 참조하십시오. (http://cafe.daum.net/garden500)

2. 책신청

구입하실 도서를 결정하신 후에, 영성의 숲 출판사로 전화를 주세요.
(02-355-7526 / 010-9176-7526, 통화시간: 월~금 오전 9시~저녁 7시)
신청 도서 목록을 알려주시면 입금하실 금액을 안내해 드립니다.
신청하실 때는 책을 받으실 주소와 전화번호를 함께 알려주세요.
책신청은 전화 외에도 영성의 숲 홈페이지의 [책신청] 코너,
출판사 이메일(spiritforest@hanmail.net)을 사용하실 수 있습니다.

3. 송금

안내 받으신 도서 대금을 아래 계좌로 입금해 주세요.
(국민은행: 461901-01-019724, 우체국: 013649-02-049367, 예금주: 이혜경)
신청자 성함과 입금자 성함이 일치하지 않는 경우에는 입금자 성함을
꼭 알려주셔야 확인이 가능합니다.

4. 배송

입금 확인 후에 바로 발송 작업을 하는데, 발송후 도착까지 보통 2-3일 정도가 소요 됩니다. 책을 급하게 필요로 하실 경우에는 일반 서점을 이용해 주세요. 해외 배송을 원하시는 분은 총판을 담당하고 있는 생명의 말씀사로 문의해주시기 바랍니다.
(생명의 말씀사 080-022-1211 www.lifebook.co.kr)

| 정원 목사님의 저서 |

〈기도 시리즈〉

1. 하늘의 권능이 임하는 부르짖는 기도 1   373쪽, 13,000원/핸디북 10,000원
2. 하늘의 권능이 임하는 부르짖는 기도 2   444쪽, 14,000원/핸디북 11,000원
3. 대적기도의 원리와 능력   400쪽, 14,000원/핸디북 11,000원
4. 대적기도의 적용 원리   424쪽, 14,000원/핸디북 11,000원
5. 대적기도를 통한 승리의 삶   452쪽, 15,000원/핸디북 12,000원
6. 대적기도의 근본적인 승리 비결   454쪽, 14,000원/핸디북 12,000원
7. 아름답고 행복한 기도의 세계   276쪽, 9,000원
8. 주님의 마음에 이르는 기도   309쪽, 10,000원
9. 주님의 임재를 경험하는 길   308쪽, 10,000원
10. 예수 호흡기도   460쪽, 15,000원/핸디북 11,000원
11. 방언기도의 은혜와 능력 1권   459쪽, 16,000원/핸디북 12,000원
12. 방언기도의 은혜와 능력 2권   403쪽, 13,000원/핸디북 11,000원
13. 방언기도의 은혜와 능력 3권   490쪽, 15,000원/핸디북 12,000원

〈영성 시리즈〉

1. 영성의 실제를 경험하는 길   357쪽, 12,000원
2. 생각의 자유를 경험하는 길   228쪽, 8,000원
3. 영성의 중심은 사랑입니다   271쪽, 8,000원
4. 영성의 원리   319쪽, 11,000원
5. 문제는 주님의 음성입니다   227쪽, 9,000원
6. 영성의 발전은 어떻게 이루어지는가   254쪽, 8,000원
7. 지금 이 공간에 임하시는 주님   340쪽, 12,000원
8. 심령이 약한 자의 승리하는 삶   228쪽, 9,000원
9. 천국의 중심원리   452쪽, 14,000원
10. 행복한 신앙을 위한 28가지 조언   348쪽, 12,000원

11. 성숙한 신앙을 위한 30가지 조언	359쪽, 12,000원
12. 의식의 깨어남을 사모하라	239쪽, 9,000원
13. 주님의 마음, 주님의 임재 속으로	348쪽, 11,000원
14. 영성의 발전을 갈망하라	292쪽 10,000원
15. 집회에서 흐르는 주님의 은혜	254쪽 8,000원
16. 삶을 변화시키는 생명의 원리	348쪽, 12,000원
17. 낮아짐의 은혜1	308쪽, 11,000원
18. 낮아짐의 은혜 2	388쪽, 14,000원
19. 그리스도를 갈망하는 삶	268쪽 10,000원
20. 영이 깨어날수록 천국을 누린다	236쪽 8,000원

〈생활 영성 시리즈〉

1. 주님과 차 한잔을	220쪽, 6,000원
2. 일상의 삶에서 주님을 의식하기	280쪽, 8,000원
3. 일상에서 경험하는 주님의 사랑	277쪽 8,000원
4. 삶이 가르치는 지혜	212쪽, 6,000원
5. 사랑의 나라로 가는 여행	156쪽, 5,000원
6. 하나님의 뜻을 발견해 가는 여행	269쪽, 8,000원
7. 일상에서 경험하는 주님의 은혜	253쪽, 8,000원

〈묵상 시리즈〉

1. 맑고 깊은 영성의 세계를 향하여	140쪽, 5,000원
2. 주님은 생수의 근원 입니다	196쪽, 6,000원
3. 묻지 않는 자에게 해답을 던지지 말라	156쪽, 5,000원
4. 영혼을 깨우는 지혜의 샘물	180쪽 6,000원

주님은 생수의 근원입니다

1판 1쇄 발행	2003년 5월 10일
2판 1쇄 발행	2006년 11월 5일
3판 1쇄 발행	2008년 9월 25일
3판 4쇄 발행	2016년 2월 15일
지은이	정원
펴낸이	이 혜경
펴낸곳	영성의 숲
등록번호	2001. 7. 19 제 8-341 호
전화	02 - 355 - 7526 (영성의숲)
핸드폰	010 - 9176 - 7526 (영성의숲)
E - mail	spiritforest@hanmail.net (영성의숲)
홈페이지	cafe.daum.net/garden500 (정원목사 독자 모임)
	cafe.naver.com/garden500 (정원목사 독자 모임)
국민은행	461901 - 01 - 019724
우체국	013649 - 02 - 049367
예금주	이 혜경
총판	생명의 말씀사
전화	02 - 3159 - 8211
팩스	080 - 022 - 8585,6

값 6,000원

ISBN 978 - 89 - 90200 - 54 - 9 03230